억대 연봉을
보장하는
시스템 보험영업

억대 연봉을 보장하는
시스템 보험영업

초판 1쇄 발행   2014년 7월 31일
재판 3쇄 발행   2016년 9월 20일

지 은 이	문종필
펴 낸 이	최지숙
편집주간	이기성
편집팀장	이윤숙
기획편집	주민경, 윤일란, 허나리
표지디자인	신성일
책임마케팅	하철민, 장일규
펴 낸 곳	도서출판 생각나눔
출판등록	제 2008-000008호
주 소	서울 마포구 동교로 18길 41, 한경빌딩 2층
전 화	02-325-5100
팩 스	02-325-5101
홈페이지	www.생각나눔.kr
이 메 일	bookmain@daum.net

• 책값은 표지 뒷면에 표기되어 있습니다.
  ISBN 978-89-6489-300-5 13320
• 이 도서의 국립중앙도서관 출판 시 도서목록(CIP)은 서지정보유통지원시스템 홈페이지
  (http://seoji.nl.go.kr)와 국가자료공동목록시스템(http://www.nl.go.kr/kolisnet)에서
  이용하실 수 있습니다(CIP제어번호: CIP2014020844).

당신의 깔때기에 고객을 올려라

억대 연봉을
보장하는
시스템 보험영업

문종필 지음

보험영업, FC가 알아야 할 모든 것
고객이 답이다
보험으로 성공하는 실천전략

생각나눔

오늘도 한 FC가 회사를 그만뒀다.

몇 개월 전부터 힘들어하더니 이제 더 이상 버틸 수 없었던 모양이다.

처음에는 참 잘하던 FC였는데, 언젠가부터 활동량이 떨어지더니 이제는 아예 출근을 하지 않는다. 그리고 오늘 해촉 서류를 접수했다.

보험이라는 업계에 발을 담그면서 많은 FC가 새로 들어오고 다시 그만두고, 그리고 또 새로운 인원으로 채워지는 것을 너무나 자주 봐왔다. 분명히 이 사람들도 가정이 있는 사람이었을 것이며 지켜야 할 자녀가 있는 사람일 것이다.

세일즈 매니저는 한 사람을 채용하기 위해 엄청난 정성과 노력을 투자한다.

하지만 많은 FC들은 기대에 미치지 못하는 성과를 반복하다 결국 일을 그만둔다.

보험은 누구나 할 수 있는 일이다. 하지만 아무나 성공할 수 없는 일이다.

어떤 사람은 보험은 보기보다 힘든 일이기 때문에 보험이라는 이름이 붙었다고 말한다.

이 어려운 보험 세일즈를 혼자서 잘할 수 있는 사람은 거의 없다. 그래서 매니저들이 그들의 성공을 돕고 있다. 하지만 현실 속의 매니저들은 FC들의 교육과 관리, 트레이닝 및 코칭을 통해 FC들의 성공을 돕는 것보다는 조직 증원에 더 많은 에너지를 쏟고 있어 FC들을 트레이닝하고 관리하는 데 시간적인 한계가 있음은 그 누구도 부정할 수 없는 일이다.

이 책을 쓰게 된 계기가 바로 이런 데 있다. FC들이 스스로 잘할 수 있도록 도와줄 수 있는 책이 있다면 FC가 성공할 확률이 좀 더 올라가지 않을까 하는 기대감으로 썼다. 이 책의 내용은 끊임없이 고객과의 직·간접적인 접촉을 하는 방법에 관한 내용이다.

왜냐하면, 바로 고객에게 답이 있기 때문이다. FC 활동의 기본이 바로 여기에 있다.

내가 보험 세일즈를 좋아하는 이유는 결코 학벌로 사람을 판단하지 않기 때문이었다.

아무나 할 수 있는 일이기 때문에 좋아한다. 남자든 여자든, 학벌이 좋든 그렇지 않든, 누구에게나 똑같은 크기만큼의 길이 열려있고, 똑같은 결실이 기다리고 있다는 점이다.

학벌이 좋다고 해서 쉬운 일이 아니고 학벌이 안 좋다고 해서 어려운 일이 아니다.

이 아무나 할 수 있는 일인데 왜 아무나 성공적으로 하지 못하기 때문에 이 책을 쓴다.

단, 성공을 위한 조건이 있다면, 발로 뛸 각오가 되었느냐 하는 것이다. 보험 영업은 머리로 하는 것이 아니다. 만일 대학교수에게 보험 영업을 시키면 잘할까? 판사, 검사, 의사들은 잘할까? 만일 사람들의 가슴에 감동을 주는 목사나 스님이 한다면 어떨까?

대답은 '해봐야 알지.'이다.

보험영업은 발로 하는 것이다. 물론 명석한 두뇌와 따뜻한 가슴이 겸비되면 더할 나위 없이 좋겠지만, 발로 뛰지 않는 영업은 성공할 수 없다.

자신과 타협을 하지 않을 준비가 된 보험 영업인에게 이 책은 구체적으로 발로 뛰는 영업할 수 있도록 도와줄 것이며, 스스로 영업의 방향을 결정하는 큰 계기가 될 수 있을 것이라는 믿는다.

　나는 전문 집필가가 아니라 강사이므로 내용을 강의하듯 써 내려갔음을 양해해주길 바란다.

제2장
시장 개발을 위한 실전 스킬

제3장
목표설정

제 1 장

어떤 사람이 성공하는가?

영업에서 성공할 수 있는 방법

영업 성공의 열쇠는 고객이 쥐고 있다

시장 개발에서 성패가 결정된다

💼 영업에서 성공할 수 있는 방법

: 성공이란?

예전에 한 세일즈 매니저가 "어떤 것이 성공이냐?"라는 질문을 한 적이 있었다.

성공이란 무엇인가? 스스로 질문을 해도 명확한 답이 떠오르지 않는 것 같다.

도대체 얼마를 벌어야 성공을 한 사람일까?

도대체 어떤 직위에 있어야 성공한 사람일까?

이 질문을 당신에게 던져본다.

당신은 성공이 무엇이라 생각하는가?

어떤 사람은 강남에 아파트 한 채와 금융자산이 10억 정도 있으면 금전적으로 성공한 삶이 아닌가라는 말을 하기도 하고, 어떤 사람은 외제 차를 끌 정도의 능력이 되면 성공한 것이 삶이라고 말한다.

반면에, 어떤 사람은 기본적인 의식주만 걱정 없이 해결되어도 성공이라 말한다.

도대체 왜 사람들은 기준도 모호한 성공을 하고 싶어서 그렇게들 애를 쓰고 있을까?

바로 행복해지기 위해서이다. 사람들에게 물어보면 정말 다양한 성공의 이유를 가지고 있다. 하지만 그 이유의 궁극적인 결과는 개인의 행복이다. 이 행복감을 어디서 찾느냐가 아마 사람들의 성공 기준이 되지 않을까 생각한다.

예전에 한 보험 영업인[이하 FC(Financial Consultant)로 명명]과 대화를 하면서 이런 말을 들은 적이 있다.

"나는 남들처럼 사는 것, 그것이 저의 소박한 꿈입니다."

그래서 나는 다시 아래와 같이 되물었다.

"과연 남들이 어떻게 사는지 알고 있습니까?"

"그리고 그 남들이란, 누구를 지칭하는 것입니까?"

우리나라 최고의 갑부인 삼성그룹의 이건희 회장을 두고 한 말이라면 소박한 꿈이 아닐 것이다.

개인적으로 알고 지내는 지인은 두 부부가 벌어들이는 수입이 약 800만 원을 상회한다.

상당히 고소득층의 가정이다.

하지만 이 부부는 항상 자신들이 부족하다고 생각하면서 지출을 최소로 하고 거의 모든 수입을 저축한다. 필자가 보기에는 상당한 경제력을 갖추고 있음에도, 그런 생활을 하는 것을 보고 있자면 한편으로는 참 성실하게 산다고 느껴지지만, 또 다른 한편으로는 '굳이 저렇게 하지 않아도 될 텐데.'라는 생각이 든다.

그들의 목표는 명확하다. 강남에 있는 남들처럼 사는 것이다.

강남사람처럼 강남에 좋은 아파트, 그들처럼 고급 외제 차, 그들처럼 자유로운 여행….

어디까지 가야 강남사람처럼 사는 것일까?

저축하며 아끼는 습관과 생활은 장려할 만하다. 하지만 그래서는 행복해질 수 없다.

많은 사람들은 자신들이 얼마나 행복한 삶을 살고 있는지 깨닫지 못하면서 살아가고 있다.

단지 그것이 안타까울 뿐이다.

그래서 이 책을 읽는 모든 독자는 어떤 삶이 행복한 삶인지 곰곰이 생각해볼 필요가 있다. 성공한 삶과 행복한 삶은 분명 다른 의미가 있기 때문이다.

이 책을 읽기 전에 당신에게 꼭 제안한다.

만일 당신 스스로 아직 성공하지 못했다고 생각하면 먼저 당신의 행복의 기준을 정하라.

그것이 당신의 성공 여부를 결정할 것이다.

그것이 당신들의 삶의 의미가 될 것이다.

: 어떤 사람들이 성공적인 영업활동을 하는가?

승리

너는 언젠가 최고가 될 것이라고

항상 자부했다.

하지만 너는 단순히 쇼를 원했다.

많은 것을 알고 있다고 지식을 자랑했지만

그것은 결국 갈 길이 아직 멀었다는 것을 증명할 뿐이었다.

우리가 막 지나왔던 한 해

어떤 새로운 아이디어가 떠올랐는가?

얼마나 많은 큰일들을 했는가?

우리는 신선한 12개월을 사용할 수 있었다.
그 중 얼마나 많은 시간을
기회와 도전을 위해 사용했는가?
왜 또 헛되이 보냈는가?

우수사원의 목록에는 너의 이름이 없다.
그 이유를 설명해 보라!
기회가 없었던 것이 아니다!
여느 때와 마찬가지로
너는 행동하지 않았던 것이다!

- 『실패에서 성공으로』, 프랭크 배트거 -

우연히 이 시를 발견하게 되었다.

이 시는 다른 사람이 아니라 바로 나에게 하는 말이라는 것을 깨닫는 데 불과 몇 초가 걸리지 않았다. 당신들은 어떤가?

이 시가 당신에게 말하는 것이 아니라고 자신 있게 말할 수 있는 사람은 지금이라도 이 책을 덮어도 좋다.

성공하는 영업인들에게 당신이 성공한 비결을 물으면 많은 사람이
공통적인 대답을 한다.

"열심히 하면 됩니다."

"포기하지 않으면 성공합니다."

"고객을 가족처럼 생각하세요."

"한 명 한 명 소중하게 컨설팅하세요."

"소개를 꼭 받아야 성공합니다."

정말 뜬구름 잡는 말이 아닐 수 없다.

하지만 이 말들은 진실이다. 그래서 수많은 성공적인 영업을 하는
사람들이 이러한 말 외에는 할 말이 없는 것이다.

이제부터 당신은 고객을 가족처럼 생각하고 소중한 사람에게 컨설
팅하며 소개를 잘 받으면서 최선을 다하면 성공하는 영업인이 될 것
이다.

하지만 이 말에는 치명적인 함정이 숨어 있다.

기준이 빠져있는 것이 함정이다. 도대체 얼마나 열심히 해야 성공하
는 것이며, 얼마나 정성껏 고객들을 관리해야 소개와 재구매를 받을
수 있는가?

나는 항상 이런 점에서 불만을 가져왔다.

나뿐 아니라 대부분의 영업인들은 "열심히만 하면 성공합니다."라는 대답에 불만을 느낄 것이다. 왜냐하면, 그들 모두가 아는 말이다. FC들이 원하는 것은 '열심히 해라', '포기하지 마라' 등의 일반적이고 포괄적인 내용이 아니라 무엇인가 강력하고 자극적인 Solution이다.

나 또한 지난 시간 동안 FC들에게 그러한 Solution을 제공하기 위해 부단히 노력했었다. 그리고 지속적으로 제공해 왔다. 상품 교육부터 재무설계 및 세무 교육까지….

어떻게 하면 쉽게 그들에게 전달할 수 있을까? 그리고 어떻게 하면 그들이 교육받은 내용을 현장에 적용해서 성과로 연결할 수 있을까에 대한 여러 가지 방법을 사용하면서 FC들을 트레이닝 했었다.

하지만 기대에 미치지 못하는 결과를 보며 많은 FC들이 똑같은 교육을 받으면서 다른 성과를 내는 것은 어떤 특별한 방법을 몰라서 그런 것이 아니라는 결론을 조심스럽게 내려본다.

반복

어떤 특별한 방법 찾기 전에 더 중요한 요소가 있다.

그 요소가 있느냐 없느냐에 따라 FC들의 성과에 지대한 영향을 미친다.

그 요소란 바로 '반복'이다.

지루하고 고통스러운 '반복'을 하는 FC, 아무도 하고 싶어하지 않은 일을 '반복'하는 FC가 먼저 되어야 성공하는 FC가 될 수 있다.

아침에 누구보다 일찍 출근해야 남들보다 좋은 성과를 낼 수 있는 유리한 입장에 설 수 있음은 삼척동자도 알고 있다. 일이 끝난 다음에는 귀사해서 하루의 일과를 정리해야 함도 알고 있다. 지속적으로 고객과의 접점을 형성해 나가며 고객과의 관계를 돈독히 해야 소개와 추가계약이 나온다는 것도 알고 있다. 하지만 위와 같은 아주 기본적인 일을 끝까지 반복하지 않는다.

성공하는 FC는 당신이 무시하는 아주 기본적인 사실을 고통스럽게 '반복'하고 있는 FC이다.

앞으로 성공의 의지가 있는 FC들은 아래와 같은 마약을 찾지 말고 '단순한 반복'이라는 보약을 장복하길 바란다.

소개를 받아내는 특별한 방법이 있는 것은 아닌가?
고객을 만나서 설득하는 특별한 콘셉트가 있는 것은 아닌가?
시장을 개척하고 장악하는 특별한 무엇이 있지 않은가?

위의 특별한 방법들은 마약과 같아서 한번 맞게 되면 약효가 지속

될 때까지 성과에 도움이 될지 모르나 약효가 떨어지면, 더 강한 방법을 요구하게 된다.

태도

성공하는 영업인은 같은 말을 해도 호소력 있게 말을 하며 본인이 판매하는 상품의 가치를 고객에게 전달함에 있어 조금의 주저함도 없다.

우리는 이러한 자세를 태도, 즉 Mental과 Ship이라고 한다.

의사들은 사람의 생명 구하는 아주 가치 있는 직업이다. 그래서 언제 어디서든 나는 의사입니다. 라는 말을 자신 있게 한다. 스스로 하는 일에 대한 가치를 알고 있기 때문이다. 그래서 수입도 많다. 또한, "변호사도 나는 변호사입니다."라고 자신 있게 말한다. 본인이 법적으로 억울한 일에 처한 사람을 도와주는 일에 대한 가치를 알기 때문이다. 물론 변호사도 수입이 많다.

FC는 어떤가? 고객 인생의 삶에 대해 같이 고민해주고 그들이 원하는 삶을 살아감에 있어 경제적인 위험으로부터 보장을 해주는 일이 진정 가치 있는 일인가? 진심으로 FC가 하는 일에 대한 가치를 느끼고 있는 FC는 의사와 변호사처럼 수입이 많다.

하지만 그 가치를 느끼지 못하고 판매에 집중하는 FC는 본인이 판매하는 상품에 대한 가치를 설명하는데 상황에 따라 주저하기도 한다.

상품을 판매하는 FC는 가치를 파는 FC보다 Mental과 Ship의 기복이 심할 수밖에 없다.

성공을 원한다면, 우선 당신이 판매하는 상품이 가지고 있는 가치를 먼저 온몸으로 느껴라.

: 영업은 절대로 혼자 하는 일이 아니다

보험 영업이라는 것은 매우 외로운 직업이다.

철저하게 혼자서 하는 일이기 때문에 그렇다. 직접 고객을 모집하고 모집한 고객을 직접 관리하고 또 소개까지 받아야 한다.

다른 사람이 절대로 해주지 않는다.

그래서 보험은 어렵고 외로운 일이라고 한다.

다른 영업을 예로 들어보고자 한다.

나는 예전에 건설회사를 다녔었다. 건설영업부에서 일하던 동기가 하는 일을 보니 영업이 너무 쉬워 보였다. 그 친구의 하는 일은 개발업자들이 가지고 오는 일에 대한 타당성을 검토해서 윗선에 보고하고 공사 할 가치가 있으면 그들과 계약을 맺은 후 분양하고 공사를 한다.

이것이 과거 내가 아는 영업이었다.

그냥 앉아만 있으면 아쉬운 사람들이 먼저 찾아와서 계약하자고 덤비는 영업.

그 친구는 분양은 분양대행사에 맡겨버린 후 분양이 잘되는지 확인만 하면 된다며 영업이 참 쉽다고 했다.

특히, 실적은 팀 혹은 부서의 실적으로 돌아간다. 나 하나 좀 게을러도 영업 결과에 큰 영향을 미치지 않는다.

하지만 우리의 영업은 위의 영업과 차원이 다르다.

이것은 굳이 말로 표현하지 않더라도 본능적으로 잘 알고 있다. 내가 조금만 게을러도 그달의 실적으로 바로 반영이 되니 게을러진다는 것은 곧 소득이 줄어듦을 의미한다.

소득이 줄어들면 자연히 업계에서 도태된다.

많은 사람이 처음에는 의욕을 가지고 장밋빛 미래를 보며 영업을 시작한다.

하지만 생각보다 쉽지 않은 시장과 보험에 대한 선입견이라는 벽에 막혀 시작도 제대로 하지 못하고 포기하는 경우도 있으며, 시작은 좋았으나 자기관리에 실패해서 포기하는 경우도 있다.

위와 같은 이유 때문에 실패하는 사람들이 성공하는 사람들보다 더 많을지 모른다.

하지만 근본적인 이유는 보험 영업을 혼자 하는 일이라 생각하기 때문이다. 물론 이 장의 시작에서 보험은 혼자 하는 일이라고 언급했지만, 만일 혼자 하는 일이라면, 팀이 필요하지 않으며 지점장도 필요하지 않을 것이다.

영업은 절대로 혼자 하는 일이 아니다. 당신의 성공을 돕고자 하는 조직이 있다. 이 사실을 깨닫지 못하기 때문에 포기하는 사람들이 많다. 이 책을 읽고 있는 당신은 지금 어려울지 모른다. 만일 어려움에 처했다면 조직을 활용하라.

당신 주위에 있으면서 당신의 성공을 지원하는 사람들을 찾아보자.

매니저는 당신의 영업활동을 관리하는 사람이다. 당신이 벌어들이는 수입이 클수록 매니저의 수입도 많아진다. 매니저를 활용하라. 적극적으로 매니저에게 요구할수록 매니저 역시 당신에게 적극적인 조력자가 된다. 나의 고객과 가망고객에게 전화 및 편지를 요구하고 Joint-work를 요청하라.

가족(배우자)은 당신이 벌어들이는 수입이 줄어드는 것을 원하지 않는다. 재미있는 점은 수입이 많아지는 것은 좋아하면서 FC의 조력자가 되길 원하지 않는다는 점이다. 이유는 보험의 가치를 아직 느끼지 못하고 있기 때문이다. 배우자에게 보험의 가치를 느끼게 해줄수록 배우자는 당신의 적극적인 조력자가 될 것이다. 고객에게 말할 RP를 배우자에게 연습하라. 배우자는 연습의 상대가 되어 주면서 당신의 말에 세뇌되어 갈 것이다.

당신의 기존 고객은 당신 끝까지 이 일을 하길 원하는 사람이다. 매니저와 가족보다 더 당신의 성공을 지지하는 당신의 군대이다. 이 군대를 한 방향으로 정렬시키고 당신의 성공을 지원사격할 수 있게 한다면 그 어떤 조력자보다 큰 재산이 된다.

마지막으로 같이 땀 흘리는 당신의 동료와 경험을 나누어라. 당신 가진 영업 비법을 공유하라. 또 다른 누군가가 당신에게 새로운 방법을 알려줄 것이다. 이것은 조직 문화이다. 매일 아침 일찍 출근해서 어제 있었던 계약과 거절에 대해 공유하고 새로운 방법을 연구하는 조직에 몸담고 있다면 이미 반은 성공한 것이나 다름이 없다.

빨리 가고자 한다면 혼자서 가면 빨리 갈 수 있다. 하지만 멀리 가고자 한다면 함께 가라. 당신의 고객과 함께 가고 당신의 가족과 함께 가고 당신의 조직과 함께 가라. 고객이 있으므로 해서 당신과 당신의 가족이 시장에서 장을 보고, 휴가를 즐길 수 있음을 잊지 말자.

또한, 당신이 있으므로 해서 고객이 경제적인 위험으로부터 안전하게 삶을 살아갈 수 있음을 명심하며 당신과 조직이 있으므로 해서 이러한 모든 것이 유지됨을 기억하라.

💼 영업 성공 열쇠는 고객이 쥐고 있다

: 고객이 FC에게 원하는 것은?

한 조사 자료에 의하면 "고객이 FC 및 보험회사에 원하는 것이 무엇인가?"라는 질문에 성실한 A/S가 가장 높았으며, 재정설계라고 말한 고객의 비율이 가장 낮았다.

고객이 FC와 보험회사에 원하는 것은

1. 성실한 AS	47.0%
2. 상세한 상품설명	19.0%
3. 정기적인 연락	16.5%
4. 연락 유지	8.0%
5. 재정 설계	6.5%
6. 기타	3.0%

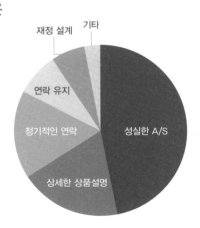

위는 고객들이 FC에게 전문적인 재무 설계 및 금융 정보 등의 요구하지 않는다는 것을 증명하고 있다.

하지만 현실 속에 많은 FC는 내가 전문가의 모습을 보여주면 그들의 마음을 움직일 수 있을 것이라고 착각하고 있다.

하지만 고객들의 눈에 비치는 FC들의 모습은 안타깝게도 보험 설계사 그 이상도 이하도 아니다.

물론 전문지식이 반드시 필요한 것은 사실이다.

상품에 관한 해박한 지식과 약관에 대한 쉬운 설명 등은 매우 필수적이다. 이것이 있어야 완전판매를 할 수 있기 때문이다.

아무리 FC가 재무설계를 한다고 해도 FC들이 판매하는 상품은 보험 상품이다. 보험상품을 재무설계라는 포장지로 예쁘게 꾸민다고 하더라도 결국 고객들은 보험 상품을 구매해야 함을 알고 있다. 재무설계는 고객이 보험상품을 구매해야 하는 당위성을 줄 수도 있을 것이라 주장할지 모른다.

하지만 고객의 구매를 결정하는 결정적인 요소는 논리가 아닌 감성이라는 점을 잊지 말자.

사람을 설득하는 3요소

아리스토텔레스는 사람의 마음을 움직이는 3요소를 Ethos,

Pathos, Logos라고 말했다.

Ethos는 신뢰감 명성 등을 뜻하는 말이며 이는 사람의 마음을 움직이는 데 있어 60%를 차지한다.

Pathos는 공감과 경청, 감동, 유머 등의 요소가 포함되는데 이는 30%를 차지한다.

마지막으로 Logos는 논리와 실증을 의미하며, 이는 10%에 지나지 않는다.

아리스토텔레스에 의하면 90%가 Ethos와 Pathos로 구성되어 있으며, 이는 신뢰감과 공감 경청을 뜻한다. FC는 고객에게 고급 금융 정보와 컨설팅을 제공하기 이전에 보다 인간적이며, 그들의 소소한 들어 주며, 같이 눈물을 흘려 줄 수 있는 사람이 되어야 한다.

: FC에게 있어 고객의 의미는

FC에게 고객은 어떤 의미를 지니는가?

보험업계에 입문하게 되면 가장 많이 듣게 되는 말 중 하나가 FC는 고객의 평생의 동반자이라는 말이다.

이 말은 지극히 비현실적이며 이상적이다.

보험이라는 숭고한 가치를 지닌 상품을 통해 만난 것은 인정하지만, 그것을 통해 평생의 동반자를 운운하는 것은 사실 현실성 없다.

FC가 고객의 평생의 동반자라는 말의 의미를 실천하기 위해서는 회사를 오래 다녀야 한다.

회사를 오래 근무하면서 고객의 보장 자산과 금융자산에 대한 적절한 포트폴리오를 조절해 줘야 한다. 하지만 현실은 어떤가? 지금도 수많은 FC가 회사를 들어왔다가 나가기를 반복하고 있다. FC가 회사를 그만두지 않으려면 영업이 잘되어 수입이 지속적으로 발생해야 한다. FC에게 수입이란, 신계약을 의미하며 지속적인 신계약을 창출하지 못하는 FC는 회사를 그만두어야 한다.

이러한 관점에서 볼 때 FC가 고객관리를 하는 근본적인 이유는 나의 고객이기 때문만은 아니다. 내가 고객을 잘 관리 할 때 고객은 유지뿐 아니라 소개 및 추가계약까지 해 준다.

즉, FC에게 고객이라는 존재의 의미는 추가계약과 소개이다.

고객은 사골이다

고급 한우 전문점에서 가장 비싸고 맛있는 음식은 꽃등심이다.

먹을 때는 정말 즐겁고 행복함을 느낀다. 하지만 그 순간도 1시간

남짓이다. 그 시간이 지나면 꽃등심은 우리 뱃속에서 소화된 후 배설되고 끝난다.

사골은 어떠한가?

몸에 기력이 없고 축축 처질 때 어머니들께서는 가족들에게 사골을 고아 주신다. 그리고 사골국을 다 먹고 나면 어머니께서는 사골뼈를 버리지 않고 다시 깨끗한 물을 부으시고 가스레인지 위에 올려 놓으셨다. 또 한 번 더 우려내기 위해서이다. 그런 모습이 몇 번이고 되풀이된다.

이 시점에서 고객과 사골의 공통점을 발견할 수 있다. 고객은 한 건의 신계약을 하고 나면 끝이 아니다. 고객은 지속적인 관리를 통해 계속 우려야 한다. 지속적인 관리가 가스 불이라면 우려내는 사골은 FC와의 신뢰가 된다.

사골은 우려내면 우려낼수록 그 농도가 옅어지지만, 고객은 신뢰가 쌓이면 쌓일수록 그 농도가 진해진다. 앞으로 모든 고객을 사골이라 여기고 지금이라도 약한 가스 불에 올려놓고 우리기 시작하자.

보험이 없는 사람은 없다

요즘은 보험을 없는 사람 찾기가 더 어려운 것 같다. 사실 10년 전에도 포화 상태라고 했던 것 같다. 그때나, 지금이나 다 포화상태인데 어떻게 신계약이 계속 이뤄지는 것일까?

이 현상은 보험을 이미 가지고 있는 사람이 또 보험에 가입한다는 것을 증명하는 대표적인 사례이다.

여기 재미있는 사례가 있다.

나성실 FC는 어프로치 단계에서 A 고객으로부터 이미 많은 보험에 가입하고 있다는 말과 함께 담당 FC가 있다는 말을 듣고 주눅이 들어버렸다. 그래서 가망고객 리스트에서 A 고객을 지워버렸다.

하지만 몇 개월이 지난 후 같은 회사에 있는 강직한 FC에게 새로운 보험계약을 체결했다는 소식을 접하게 되었다. 나성실 FC는 A 고객을 원망했다. 그리고 후회했다.

나성실 FC는 '이제 A 고객은 더 이상 보험에 가입하지 않으려 할 거야.'라고 생각하고 A 고객을 다시는 만나지 않았다.

1년 후 A 고객은 강직한 FC를 통해 다시 리모델링을 받았다.

나성실 FC는 이제 제삼자가 되어 A 고객과 강직한 FC를 바라만 보는 입장이 되어버렸다.

나성실 FC와 강직한 FC의 차이점은 무엇이었을까?

그리고 A 고객은 도대체 무슨 생각으로 보험이 많음에도, 또 다른 신계약을 강직한 FC에게 했을까?

이러한 현상은 심심치 않게 일어나는 현상이다. 앞서 고객은 사골이라는 표현을 했다. 나성실 FC는 고객을 사골처럼 생각하지 않았고 강직한 FC는 고객을 사골처럼 생각했던 것뿐이다. 이 두 사람의 생각의 차이로 인해 강직한 FC는 보험이 많은 A 고객으로부터 2~3건의 신계약을 추가로 가입시킬 수 있었다.

한번 실험해 보길 바란다. 당신의 고객 중 1명을 선택하여 2년 정도 아무런 연락을 하지 말라. 그러면 다른 FC에게 또 다른 보험계약을 할 것이다.

: 고객에게 있어 FC의 의미는?

고객은 FC를 어떻게 생각할까?

FC는 고객의 금융 주치의이다. 고객은 자신이 재정적으로 궁금한 것이나 어려움이 있을 때 FC를 찾는다. 그리고 FC는 고객이 필요한 정보와 솔루션을 준다.

주기적으로 고객의 금융 포트폴리오를 점검해주면서 고객들의 경제적인 꿈을 이룰 수 있도록 해주는 것이 고객에게 있어 FC의 의미라고 배웠었다.

하지만 이 업계에 오래 있으면 있을수록 고객은 FC에게 바라는 것이 없다는 것을 알았다.

그저 고객이 보험금 신청했을 때 잘 지급해주며 오래 근무하면서 서비스를 잘해주길 바라는 것 외에는 아무것도 바라는 것이 없다는 것을 알았다.

고객은 뻔한 보험이라는 상품을 FC가 포장한 콘셉트라는 포장을 보고 구매를 했다. 포장을 풀고 보니 안에는 증권이라는 종이 몇 장 뿐, 내용물은 실망스럽다.

고객은 그 증권이 얼마나 가치 있고 소중한 것인지 고객은 스스로 깨닫지 못한다.

FC는 고객에게 그 증권이라는 것이 얼마나 가치 있는 물건인지 알려주는 유일한 사람이다. 고객이 그 증권을 구매하기 위해 들인 돈이 결코 헛되지 않는 것임을 FC를 통해 지속적으로 느껴야 한다. 고객이 구입한 보험 증권이 결코 장롱 깊숙이 처박혀 그저 의미 없이 비용만 소요되는 그런 상품이 되지 않도록 주기적으로 혹은 수시로 고객에게 "당신이 가입한 보험은 이런 가치를 지니고 있습니다."라고 말해주어야 한다.

FC는 고객에게 그런 존재가 되어야 한다.
아래는 고객을 만나서 보험의 가치를 전달하는 간단한 RP이다.

고객님, 잘 지내시지요? 고객님께서 저에게 잉태하신 태아(연금보험증권)는 잘 크고 있습니다. 아직 인큐베이터 안에서 있지만 아주 건강하게 잘 있습니다. 앞으로 5년(남은 납입기간) 후면 인큐베이터 안에서 나와서 복리라는 밥을 먹고 무럭무럭 자라서 고객님의 노후를 책임지는 든든한 효자가 될 것입니다. 그러니 아무런 걱정 마시고 지금을 즐기면서 사십시오!

: 고객은 어떤 FC에게
소개를 해주는가?

나는 가끔 강의를 하다 이런 질문을 FC들에게 한다.

당신이 보험영업을 하기 전 누군가의 고객이었을 것이다.

당신은 당신의 담당 FC에게 몇 명의 고객을 소개해 줬는가? 라는 질문이다.

이 질문에 90% 이상의 교육생이 소개를 해준 적이 없다는 대답을 한다.

왜 소개를 해주지 않았나? 라는 질문에,

80%는 소개요청을 하지 않더라고 대답했으며 20%는 안면을 통해 계약이기 때문에 특별히 소개를 해줄 의무를 못 느꼈으며, '나 하나 해줬으면 그만이지 또 무슨 소개?'라는 생각이 지배적이었다고 대답했다.

지겹도록 많이 들었겠지만,

소개를 해주지 않는 첫 번째 이유는 소개를 요청하지 않아서이다.

그리고 두 번째 이유는 불완전 판매를 했기 때문이며

마지막으로, 고객관리가 잘 이루어지지 않아서이다.

위 사항을 토대로 본다면 소개받는 일은 아주 쉽고 간단하다. 완전 판매를 통한 소개를 요청, 지속적인 고객 관리만 잘하면 소개는 반드시 나온다는 결론이다.

내가 보험업계에 입문함과 동시에 소개에 관해 가장 많이 들었던 말은 "마치 빚쟁이가 돈을 요구하는 마음으로 소개 요청을 하라!"라는 말이었다.

하지만 그게 어디 말처럼 쉬운 것인가?

그래서 나름의 화법을 만들어서 요청을 한다. 가령 예를 들면 아래와 같다.

"고객님, 수많은 FC들 중 저를 선택해주셔서 감사합니다.

저는 앞으로 고객님을 위해 최선을 다할 것을 약속합니다. 하지만 제가 이 일을 계속해야 고객님께 한 약속을 지킬 수 있을 것입니다. 그리고 이 일을 계속하기 위해서는 저는 또 다른 고객님을 만나 상담을 하고 계약을 해야 이 일을 오래 할 수 있습니다.

고객님, 고객님의 소개 하나가 저에게 큰 도움이 될 것입니다.

아래에 있는 빈칸에 3명만 소개해주시면 그들에게 최선을 다해 보험의 가치에 대해 알리도록 하겠습니다."

위와 같은 화법을 외워서 고객들에게 소개를 요청하면 고객이 기다렸다는 듯이 소개를 해줄 것인가?

대답은 'No!'의 확률이 훨씬 더 높다.

이제 지점(영업소)으로 돌아와 보자.

매번 매니저 교육 때 FC들이 청약서를 가지고 올 때 소개를 받았는지 확인을 한 후 서명을 하는 매니저가 있는지 조사를 하고 있다.

안타깝게도 대부분의 매니저들은 소개를 받았는지 확인을 하지 않더라는 것이다.

그리고 소개를 받지 않았을 경우 서명을 하지 않는 매니저가 있는지 물어보면, 아직까지 한 명도 없었다.

FC들이 소개를 받아오는지에 대한 것은 매니저의 관심 밖의 일이 돼버린 것 같아 상당히 안타까웠다.

지점에서 FC에 대한 관리가 이러한데 FC들이 소개를 잘 받아오면 그것이 오히려 이상한 일이 돼버린 것 같다.

소개를 잘 받으려면 우선 지점장과 매니저가 소개에 대한 관리를 철저히 해야 한다.

그리고 FC 스스로 계약보다 소개가 더 중요하다는 사실을 인지하고 청약할 때보다 더 끈질기고 전문성 있게 소개를 요청해야 한다.

위의 말을 들으면 '누가 그걸 모르나?'라는 의구심을 가질 것이다.
그런 분들에게 이런 이야기를 해주고 싶다.

고객은 오래 근무하는 FC와 거래하기를 원한다.
그리고 고객들도 소개를 해주지 않으면 FC가 오래 근무할 수가 없다는 사실을 잘 알고 있다. 따라서 소개를 요청하는 그 행위 하나만으로도 큰 의미를 지닌다.
첫 번째, 소개를 요청하는 행위는 나는 정말 오래 일하는 FC가 될 것이다라는 의미를 전달한다.
두 번째, 소개를 요청하면 청약의 확률이 올라간다.
세 번째, 소개를 요청하면 지금 당장 청약을 하지 않더라도 향후 청약할 확률이 그렇지 않은 경우보다 훨씬 더 높다.
네 번째, 소개를 요청하면 당장 소개를 해주지 않더라도 향후 소개해줄 확률이 그렇지 않은 경우보다 훨씬 더 높다.

상기에 대한 내용은 LIMRA라는 세계적인 보험연구 기관에서 조사한 결과이다.
소개가 나오든 나오지 않든 소개는 그 자체만으로 큰 의미가 있다.

소개를 요청받은 고객들의 반응은 어떨까?
참 어려운 결정을 해야 한다.
소개를 해주든지, 아니면 거절을 하든지 결정을 해야 한다.

소개해주는 것은 지인들에게 부담을 줄까 봐 걱정이고, 소개를 거절하는 것은 눈앞에 있는 FC의 요청을 거절하는 일이다.

어떤 것이 더 부담스러울까? 고객입장에서 생각해 봤으면 한다.

FC와의 신뢰가 깊으면 깊을수록 거절이 힘들 것이며, FC와의 신뢰가 얕으면 얕을수록 소개해주는 것이 부담스러울 것이다.

지금 이 순간부터 적극적으로 소개요청을 하라.

지금 당장 소개가 나오면 좋겠지만, 소개가 나오지 않더라도 소개를 요청하는 그 순간부터 고객과 FC와의 신뢰가 생기기 시작할 것이다.

: 몇 명을 소개받아야 하나?

강의를 진행하다 이런 질문을 던지면 대부분의 FC들이 3명을 이야기한다.

가장 일반적인 상황이라 생각한다. 어떤 분들은 1명만 소개해 줘도 감사하다고 이야기한다. 하지만 내 개인적인 생각으로는 10명 이하를 소개받겠다는 생각은 무조건 틀렸다.

당신이 처음 FC 일을 시작할 때, 초기 활동을 위해 준비하는 가망 고객 Pool list를 작성한다. 그 List를 작성할 때 당신은 결코 10명 이하를 적지 않을 것이다.

당신이 한 고객으로 소개를 받아야 하는 인원은 그 고객이 FC 일을 시작한다면 몇 명의 Pool list를 작성할 것인지 생각해 봐라. 그러면, 당신이 소개받아야 하는 고객은 정해질 것이다.

📰 시장개발에서 성패가 결정된다

: 당신의 시장을 정하라

대학교 도서관을 이용해 본 사람은 잘 알 것이다.

요즘은 인터넷으로 미리 예약하고 도서관 열람실을 이용하지만, 불과 몇 년 전까지만 해도 아침 일찍 나와서 자리를 잡는 방법 외에는 도서관 자리를 잡을 수가 없었다.

그래서 그 당시 나왔던 말 중에 메뚜기라는 말이 있었다.

메뚜기란 자기 자리가 없어서 자리 주인이 잠시 자리를 비운 사이에 그 자리에서 잠깐 공부하고 주인이 돌아보면 또 다른 빈자리에서 공부하고 또 주인이 돌아오면 또 다른 자리로 이동하는 모습이 마치 메뚜기처럼 뛰어다니면서 공부한다는 의미로 그런 학생을 메뚜기라고 불렀다.

이 현상은 우리의 시장에서도 똑같이 적용된다.

완벽한 내 자리가 아니면 우리는 그 자리 주인이 언제 돌아올까 조마조마하면서 공부를 하는 모습이 마치 정확하게 정통하지 못한 FC가 어쭙잖은 지식과 경험으로 시장에 뛰어들어 일을 하고 있으면, 그 시장에 정통한 FC가 갑자기 등장하면 기존의 FC는 어쩔 수 없이 물러날 수밖에 없는 현실과 너무나 닮았다.

그런 상황을 극복하기 위해서는 FC 스스로 자신이 일하고 있는 시장의 현실을 잘 파악해야 한다. 가령 교사들은 어떤 부분에 관심이 많은지, 그들의 고민은 무엇인지, 교사에게 필요한 말과 그들과 공감을 할 수 있는 해프닝 등을 알아야 한다.

내가 아는 모 FC는 의대만 나오지 않았지, 의사들이 보는 차트나 병원 운영 등에 너무나 정통한 FC이다. 그의 시장은 의사시장이다.

누구나 의사시장을 원하고 진입하려 하지만, 의사에 대해 잘 모르는 사람은 타율이 떨어질 수밖에 없다. 심지어 정성 들인 고객이 한순간에 다른 FC와 계약해버리는 경우까지 발생한다. 그 FC가 한 말이 지금도 기억에서 지워지지 않는다.

"FC 일을 제대로 오래 하려면 아무도 근접할 수 없는 자신만의 전문 시장이 있어야 한다.

지금도 늦지 않았으니 진입하고자 하는 시장에 전문가가 되어라."

FC들은 처음 영업을 시작할 때 소위 X 시장이라는 지인 시장 혹은 연고 시장부터 일을 시작한다. 이 시점에는 지인이라는 특성 때문에 FC의 능력보다는 인맥과 정 때문에 계약하는 경우가 많다. 많은 사람들이 이 인맥을 잘 관리하면 보험 영업에서 성공할 것이라 생각하는데, 현실은 그렇지 않다. 이 인맥은 몇 개월이면 당연히 소진될 수밖에 없다.

아무런 준비가 되지 않은 상태에서 기존 지인 시장의 고갈을 맞이한다면 어떤 일이 벌어질 지 불 보듯 뻔한 말이다.

지인 시장을 통해 버틸 수 있는 시간 동안 FC는 자신만의 시장을 만들기 위해 뼈를 깎는 노력을 해야 한다.

앞서 버틴다는 말을 사용했다.

이 시점은 버틴다는 표현이 어울린다. 왜냐하면, 단 한 번도 보험에 대해 배우지도 않는, 그리고 경험해보지도 않은 일을 시작하면서 FC가 전문가의 냄새가 나기 위해서는 시간이 필요하기 때문이다. 그래서 FC에게는 이 기간이 가장 중요한 기간이 된다.

이 지인 시장을 통해 소개 시장에 진입해야 하는 준비와 자신의 전문 시장을 진입할 준비를 해야 한다.

이런 경험이 있었다. 교사였던 친구가 S사의 평범한 직장인을 소개해 주었다. 내가 가진 무기라고는 상품에 대한 콘셉트와 니즈 환기 화법이었다.

다행히 S사의 직장인 고객은 다시 L전자의 자신의 친구를 소개해주고, 그 친구는 경찰 공무원인 자신의 사촌 형을 소개해 주었다.

참 소개를 많이 받았다고 생각할지 모르겠지만, 나는 가장 큰 함정에 빠지고 말았다.

교사친구와 S사 고객, L전자 고객, 경찰 공무원 모두에게 같은 콘셉트로 영업을 했다는 사실이다.

물론 보험의 본질이야 달라지지 않지만, 교사들이 가진 고민과 그들이 원하는 삶과 일반 직장인이 가지고 있는 애환, 그리고 경찰들이 가지고 있는 생각 등 그들이 무엇을 원하는지 전혀 고려하지 않은 채 오로지 내가 가진 콘셉트만 강요하고 보험 계약을 강요한 결과를 얻은 셈이다.

만일, 교사 친구가 다른 교사 동료를 소개해주고, 또 교사를 소개받았다고 생각해보자.

아마 내가 제일 먼저 건네는 말은 "요즘 입시 제도가 너무나 자주 바뀌고 그때그때 교육 전략을 바꿔야 하니 고민이 크시겠습니다."일 것이다.

누구나 거래를 할 때 자신이 가장 고민하고 있는 부분을 먼저 말해주는 사람과 거래를 하고자 하는 것은 어떻게 보면 너무나 당연한 일이 아닐까?

다시 한번 의사 전문 FC의 사례를 들어보겠다.

그 FC도 처음에는 이 사람 저 사람 소개해주는 대로 뛰어다녔다.

하지만 시장 집중의 문제와 보다 나은 전문 컨설턴트의 자질을 염두에 둔다면 더 이상 이대로는 힘들다는 판단으로 치과 의사라는 전문 시장을 파고들기 시작했다.

나는 개인적으로 친분이 있는 분이라 그분의 사례를 많이 들을 기회가 있었는데, 지금은 치과병원을 개업하고 간호사와 직원의 채용, 그리고 간호사의 예절교육에까지 관여를 하고 있다.

내가 원장이라도 보험이 필요한 일이 생기면 반드시 그 FC를 찾을 것이라 생각된다.

얼마나 그 시장을 위해 노력을 하는지 임플란트 세미나도 참석을 했으며 원장들 모임에도 자주 나가곤 한다.

나의 아내는 작은 어린이집을 운영한다.

한번은 나에게 보험을 하나 가입해야 할 것 같다는 말을 꺼낸 적이 있다.

남편이 보험회사에 다니고 있는데, 다른 회사에 보험 가입을 한다니 말이나 되는 소린가?

두 번 다시 말도 못 꺼내게 한 적이 있었다.

하지만 정확히 한 달 뒤 나는 우체통에서 S사의 보험 증권을 받아 보았다.

나의 아내의 변명은 이랬다.

원장실에 앉아있으면 정말 수많은 영업사원들이 찾아온다.

보험회사 영업사원도 그 중 하나이다. 정말 그 중 하나일 뿐이었다.

어느 날 갑자기 찾아온 S생명 영업사원은 다른 영업사원들과 첫 인사부터 달랐다는 것이다.

보통 첫 방문에 첫 인사는 "안녕하십니까? 처음 뵙겠습니다. OO생명 보험회사 OOO입니다."

라고 인사를 하는데 그 영업사원은 "안녕하십니까? 요즘 교사들 퇴직금 때문에 고민 많으시지요?"라고 인사를 했다.

마침 나의 아내는 얼마 전 그만둔 교사 때문에 퇴직금을 어떻게든 지급해야 하는 상황이었고, 그 영업사원은 정확히 타이밍을 맞춘 것이었다.

얼마나 놀라운 타이밍인가?

하지만 놀랄 것 하나 없었다. 최근 인터넷이나 각종 매체를 통해 5인 이상의 사업장일 경우 연봉에 퇴직금이 포함되어 있더라 하더라도 퇴직금을 지급해주어야 한다는 사실을 웬만하면 알고 있다. 따라서 많은 원장이 가지고 있는 고민거리다.

그 영업사원은 그 사실을 잘 알고 있었던 것뿐이었다. 그리고 그 해결책을 자신들이 가지고 있는 상품으로 제안하는 방식으로 영업활동을 해왔다.

어린이집 원장이라는 시장에 대해 얼마나 많은 고민을 했을지 가히 짐작이 된다.

고객과의 공감대를 형성하기 위해서는 고객의 꿈에 대한 이해가 많은 도움이 된다.

자신의 꿈 만큼 소중한 것이 바로 고객들의 꿈이라는 사실을 간과하지 말고, 지금부터 고민하라. 당신들이 진입하고자 하는 고객들이 어떤 꿈을 꾸는지, 어떤 고민을 하는지….

그 꿈과 고민을 공유하는 순간 그 시장은 당신의 시장이 될 것이다.

: 당신의 취미와 강점이
시장을 결정한다

당신의 취미는 무엇인가?

동호회 활동을 통한 단체시장 개발과 같은 이야기를 하려는 것이 아니다.

물론, FC 중 단체 시장이나 동호회를 통해 많은 계약을 하고 성공의 발판으로 삼은 경우가 많다. 하지만 여기서 하려는 내용은 그것과 좀 다른 내용이다.

본격적으로 이 단원의 내용을 풀어가기 전에 비범한 인물의 특성에 대해 알아보자

비범한 인물의 특성

모차르트나 프로이트처럼 한 분야에서 탁월한 성취를 이룬 비범한 인물들은 남과 다른 점을 알아차리고 그 점을 활용한다.

그들은 자신의 취약 부분은 무시하고, 대신에 내가 추구하려는 영역에서 경쟁력을 갖기 위해 나의 장점을 어떻게 활용할 것인가에 대한 질문을 스스로 제기하고 효과적인 답을 찾아 대응한다.

-하워드 가드너 『비범성의 발견』에서

비범한 인물도 자신이 모든 분야에서 뛰어난 것이 아니라 한 분야에서만 탁월하다는 사실을 알고 있다.

대한민국 최고의 피겨스타 김연아 선수 역시 자신의 재능은 스케이팅이라는 사실을 알고 그 중 피겨가 더 자신의 스타일에 맞다는 것을 확신한 후 재능을 계발했다.

우리는 모든 방면에 뛰어난 재능을 보이는 사람을 팔방미인이라고 한다.

하지만 정작 위대한 사람은 팔방미인에서 나오지 않고 한 분야에 정통한 사람에서 많이 나온다.

그렇다면 당신의 재능은?

당신이 좋아하는 것은 과연 무엇인가?

가끔 교육생들에게 이런 질문을 한다.

"당신은 무엇을 잘하나요? 어떤 취미가 있나요? 영업을 제외하고 무엇을 할 때가 가장 행복하고 보람되나요?"

이 질문에 어떤 사람은 "나는 피아노를 잘 친다, 나는 테니스를 잘한다, 나는 골프를 잘 친다."라고 대답하고, 반면에 어떤 사람은 "나는 잘할 줄 아는 것이 아무것도 없다."라고 대답하기도 한다.

본인이 잘할 수 있는 재능이나 취미 등이 없다고 생각하는 것은 정말 안타까운 일이다.

사람의 재능은 꼭 물리적으로 측정 가능하거나 배우는 데 시간이 걸리는 것만이 아니다.

외모일 수도 있고 목소리일 수도 있다.

그리고 전 직장에서 종사한 특정 분야의 전문 지식일 수도 있고, 내가 좋아하는 취미일 수도 있다.

사회 봉사활동을 좋아하는 것도 좋고, 얼굴이 독특하게 생긴 것도 장점일 수 있다.

낙천적이고 활발한 성격도, 반대로 차분하며 신뢰를 주는 이미지도 좋다.

나는 개인적으로 눈이 작다.

웃을 때는 그 눈이 아예 보이지도 않는다.

한 고객이 나에게 당신은 눈이 작아 잘 보이지 않을 것 같다는 농담에 한 번 웃어 보였다.

그리고 눈을 뜬 채로 웃었다.

그 고객은 6년이 지난 지금도 나에게 큰 호감을 가지고 있다.

이제 당신들의 장점을 생각해 보라!

신은 사람에게 어떤 특정분야에서만큼은 무한한 가능성을 주셨다.

그것을 찾아라. 그러면 고객들은 자연발생적으로 생길 것이다.

사례1 사진을 좋아하는 FC

나에게 교육을 받았던 한 FC는 사진작가가 꿈이었다.

평소에 내성적인 성격에 남들과 말을 섞는 것이 죽기보다 싫은 FC에게 영업이라는 일이 어울릴 리 만무했다.

하지만 골프를 좋아하는 친구의 권유로 골프장에 따라갔다.

그 친구가 VIP들을 모시고 골프 행사를 하는데 FC에게 사진 촬영 도움을 요청했기 때문이다. 친구의 부탁으로 행사에 참석했지만, 생각지도 못한 일이 벌어졌다.

그 친구가 FC를 사진작가가 아닌 FC로 소개했고, 이후 자주 사진 촬영 아르바이트(?)를 하기 위해 불려 갔다.

그 FC의 실적은 독자들의 상상에 맡기기로 하겠다.

사례2 술을 좋아하는 FC

또 한 가지 재미있는 사례를 들어보겠다.

서양 미술을 전공한 FC의 일이다.

미술을 전공한 사람들은 온종일 하는 일이 캔버스 앞에서 그림을 그리는 일이었으며, 친구와 어울리는 일이 별로 없었다. 물론 사람에 따라 다르겠지만….

그 FC의 유일한 취미는 혼자서 술 마시는 것이었다.

매일 혼자서 술을 먹었다. 그것도 같은 술집에 같은 시간에….

한 달간 그 FC를 지켜본 술집 주인이 먼저 왜 매일 이렇게 혼자 술을 먹으러 오는지 물으면서 친분이 생기고, 결국은 키맨이 되었다는 것이다.

사례3 컴퓨터를 잘 다루는 FC

컴퓨터를 잘 다루는 FC의 사례도 아주 재미있다.

가정을 주로 방문하는 FC들은 가정주부들이 하는 행동을 유심히 관찰해볼 만하다.

한번은 증권 전달을 위해 한 가정을 방문했는데, 그 고객이 화가 나 있었다.

이유를 물어보니 컴퓨터가 고장이 났기 때문이었다.

아침부터 인터넷 뱅킹을 해야 하는데 AS센터에 전화하니 딴소리만 하고 있어서 짜증이 났던 것이다. 그렇지 않아도 PC방에 가려던 참이었단다.

그 FC는 컴퓨터 공학을 전공하고 전자상가에서 오랫동안 근무했었기 때문에 자신이 직접 고쳐 주었으며, 그 고객이 PC방에 가는 수고를 들어주었다.

물론, 돌아갈 때는 이런 일이 생기면 자신에게 연락하면 AS 기사보다 먼저 도착할 테니 걱정하지 말라는 메시지까지 전했다.

당신들도 잘 알고 있을 것으로 생각한다. 컴퓨터라는 것은 한번 고장 나면 자주 문제를 일으킨다. 따라서 FC 본의 아니게 그 집에 자주 가게 되었다.

컴퓨터가 문제가 생겨 그 집을 방문하게 된 어느 날 주변 동네 주부들이 그 집에 모여 커피 타임을 가지고 있었다.

FC는 인사를 하고 컴퓨터를 고치기 위해 집에 들어갔는데, 한 분께서 컴퓨터 고치러 오신 분이 깔끔한 검정 양복에 넥타이를 매고 오셨다고 신기해했었다.

그때 FC의 방문 이유를 설명하고 이렇게 항상 잘 도와준다는 말로 고객이 소개를 하니 5~6분의 동네 주부들이 자기네 컴퓨터도 속을 썩이고 있으니 봐 달라고 요청을 받았다.

세상에 공짜가 어디 있는가?

컴퓨터를 봐준 대가는 톡톡히 받았다.

여기서 끝이 아니었다. 청소년의 자녀를 둔 부모에게 컴퓨터를 고쳐주며 주목해야 할 폴더를 가르쳐 주고, 음란물에 너무 노출되지 않도록 당부하는 것도 잊지 않는 친절한 서비스를 해줬다.

지면에서 다 서술할 수는 없지만, 자신의 장기를 살려 고객 서비스에 적용하고 그 결과 시장을 확대해 나간 경우가 너무나 많다.

다만, 안타까운 것은 지금 이 순간까지도 나는 잘하는 것도 하나도 없다고 체념하는 사람들이 많다는 점이다. 그리고 뭔가 한 가지 잘하는 것이 있음에도, '그것이 영업하는 데 무슨 도움을 줄 수 있을까?'라고 의심을 하고 있는 것이다.

위에서 말한 특별한 재능과 장기가 없다면 다시 묻고 싶다.

당신은 호감형의 외모를 가졌는가?

그렇다면 고객과의 만남에 자신감을 가져라.- 돌입방문 및 개척에 남다른 재능을 보일 것이다.

당신은 이야기를 재미있게 하는가?

고객들은 당신과 대화하는 시간이 아주 행복한 시간으로 기억할 것이다.- 고객과 같이하는 시간을 길게 하라 소개가 나올 것이다.

당신은 목소리가 부드럽고 신뢰가 가는가?

콜드콜을 시도해보라.- Sit-plan에 큰 도움이 될 것이다.

당신은 사회봉사활동을 자주 하는 편인가?

보험의 가치를 몸소 느낄 수 있을 것이다.- 함께 봉사하는 사람들에게 보험의 가치를 체험시킬 수 있는 좋은 기회가 될 것이다.

지금부터 당신의 장점이나 재능을 찾아보고 그것을 어떻게 활용할 것인지, 그것을 활용해서 어떻게 고객관리를 할 것인지 고민하고 당장 실천하기 바란다.

제 2 장

시장 개발을 위한 실전 스킬

소개를 위한 고객관리

소개만이 살길이다

개척활동

📋 소개를 위한 고객 관리

: 깔때기형? 빨대형?

FC는 두 종류가 있다.

한 부류는 깔때기형 FC이고, 한 부류는 빨대형 FC이다.

강의를 하다가 종종 이런 질문을 교육생들에게 던진다.

"FC님들은 스스로 깔때기형 FC라고 생각하나요, 아니면 빨대형 FC라고 생각하나요?"

빨대형 FC

빨대는 빠는 데 사용하는 도구이다.

물을 빨아 먹기도 하고 주스를 빨아 먹기도 한다.

우리가 쓰는 말 중 이런 말이 있다.

"단물만 쪽 빨아먹고 버린다."

여기까지만 이야기해 보면 빨대형 FC를 어떤 FC에 비유하는지 느꼈을 것이다.

고객에게 다가가 무엇을 빨 것인가?

계약을 빤다.

이 사람 저 사람 만나는 사람마다 콘셉트라는 빨대를 꽂아보고 빤다. 안 빨리면 다른 대상을 또 찾는다. 이 비유가 너무 노골적이거나 심한 논리의 비약이 있을 수 있다.

하지만 냉정하게 생각하면 그것과 다를 바가 없다.

빨대를 꽂으면 상처가 남는다.

상처가 생긴 후 FC는 미안한 마음에 그 고객에게 다시 빨대를 꽂을 수 없다. 그리고 상처 입은 고객은 다른 사람도 상처를 입을까 우려해서 소개를 해주지 않는다. 결국, 자기 주위의 모든 고객에게 빨대를 다 꽂으면 더 이상 만날 사람이 없어지는 것이다.

만일, 다시 접근하려 한다면 꽂았던 빨대로 생긴 상처가 아물 때까지 기다리고 상처를 치료해야 하는 노력이 몇 배는 더 소요될 것이다.

물론 콘셉트라는 것이 필요하고, 강하게 일어 붙일 때도 있어야 한다.

문제는 빨대형 FC의 특징은 고객의 Needs를 받아들이기에 그 입구가 너무 좁다는 데 있다.

서로의 필요충분조건이 되기에는 빨대형 FC는 일방적인 조건만 생각한다.

깔때기형 FC

그럼 깔때기형 FC는 어떤 FC인가?

깔때기는 넓은 고깔 모양의 입구에서 작은 출구로 연결된다.

많은 것을 받아들일 수 있는 모양을 하고 있다.

깔때기형 FC의 가장 큰 특징은 고객에게 청약을 권하거나 강요하기
보다는 철저한 니즈 환기와 관리를 통해 깔때기 위에 올려놓는 행위
에 집중한다.

일단 깔때기 위에 고객을 올려놓으면 고객과 자연스럽게 청약과 연
결될 수 있다는 말이다.

빨대는 아래에 있는 것을 위로 끌어 올려야 하지만, 깔때기는 위에
있는 것이 자연스럽게 아래로 내려가게 한다.

자연의 섭리와도 아주 어울린다.

깔때기형 FC는 고객 발굴과 소개에 많은 에너지를 사용한다. 새로운 가망고객을 발굴하고 재구매를 유도하고 소개를 받기 위해서는 고객관리를 하지 않을 수 없다. 고객관리를 하게 되면 자연스럽게 만날 고객의 수가 증가하고 활동량이 많아질 수밖에 없다.

최근에 활동하고 있는 FC들이 깔때기형보다는 빨대형 FC가 많은 이유는 초기 성과에 쫓기기 때문이다. 깔때기 위에 고객을 올려놓고 기다릴 여유가 없기 때문이기도 하다.

그래서 스스로 빨대형 FC가 되어 가는 자신들의 모습을 발견하면서도 자신들의 모습을 바꿀 수 없는 악순환이 반복되는 것이다.

습관에 관해 이야기하지 않을 수 없다.

얼마 전에 이영권 박사의 강의를 들을 기회가 있었다.

이영권 박사는 성공하기 위해서는 습관의 중요성을 강조했는데 그 비유가 너무 적절했다.

그 강의를 못들은 분들을 위해 잠깐 설명하고자 한다.

사람은 습관이라는 열차를 타고 성공의 길을 달리게 된다.

어떤 사람은 KTX를 타고 어떤 사람은 새마을호를 타고 어떤 사람은 무궁화호를 타고 출발한다. 누가 목적지에 가장 먼저 도착할지는 불 보듯 뻔하다.

누구나 다 열심히 한다.

무궁화호라는 습관의 열차에서는 아무리 뛰고 날고 노력해도 새마을호보다 먼저 도착할 수 없다. 새마을호라는 습관의 열차를 탄 사람도 마찬가지로 KTX의 습관의 열차를 이길 수 없다.

만일 내가 습관의 열차를 잘못 탔다고 깨달으면 즉시 KTX로 갈아타야 한다.

그 열차를 그대로 타고 가면 아무리 노력해도 KTX를 이길 수 없을 것이다.

습관이라는 것은 위의 비유와 마찬가지로 사람의 행동을 결정하는 가장 큰 원인이 된다.

이제 당신이 결정할 차례다.

빨대형 습관을 가질 것인가?

깔때기형 습관을 가질 것인가?

당신이 선택하고 행동함과 동시에 승패는 정해진다.

　　회사는 시스템으로 흥하고 디테일 때문에 망한다라는 말을 중국의 왕중추라는 사람이 『디테일의 힘』이라는 책에서 언급했다.

　　개인적으로 전적으로 동감한다.

　　특히, FC라는 일은 혼자서 하는 일이다.

　　앞에서는 혼자서 하는 일이 아니라고 언급한 바 있다.

　　하지만 물리적으로 보면 혼자서 하는 일이다.

　　FC 스스로 가망고객을 발굴하고 만남을 약속하고 초회 면담을 하고 고객의 정보를 파악한 후 적절한 대안을 제안하고 계약을 성사시킨다.

　　그리고 고객관리 및 서비스를 하면서 또다시 소개를 받고 보험을 판매한다.

　　이러한 일련의 프로세스들을 혼자서 해 내야 한다.

　　이 많은 일을 혼자서 하기 위해서 FC 혼자 이리 뛰고 저리 뛰어다니며 고군분투한다.

　　이 일을 막 시작한 FC는 어쩌면 혼자서 가능할지도 모른다.

　　하지만 고객의 수가 많아지면 많아질수록 그저 열심히 하는 것만으로 고객을 모두 관리하기 힘들어지기 시작한다.

그래서 시스템이라는 것이 반드시 필요한 것이다.

시스템의 정의를 먼저 살펴볼 필요가 있다.

시스템은 '요소들의 구조화 된 집합'이라고 한다.

여기서 이야기하는 요소는 아마 우리가 하는 일에 있어 고객이 될 것이며 구조화된 집합이라고 하면 결국 고객과 FC의 상호작용하는 모습을 상상할 수 있다.

어떻게 상호작용을 지속적으로 할 것인가? 라는 문제가 시스템 안에서 풀어나가야 할 숙제이다.

그래서 이를 고객관리 시스템이라 부르고자 한다.

고객관리 시스템에 필수적으로 들어가야 할 조건은 다음과 같다.

시간의 개념이 반드시 들어가야 한다.

구조의 개념이 포함되어야 한다.

시스템은 자체적으로 성장과 발전을 거듭하기에 변화의 개념을 항상 염두에 둬야 한다.

고객의 수와 관계없이 시스템이 가동되어야 한다.

위의 조건들은 지극히 개인적인 직접 및 간접적인 경험을 토대로 정리한 내용이다.

보험이라는 상품은 모순덩어리

보험 상품이라는 것은 거래의 관점에서 보면 지극히 모순을 가지고 있는 상품이다.

일반적으로 고객입장에서 보면 청약서에 서명하고 초회 보험료가 고객의 손에서 떠나는 순간 거래의 시작으로 볼 수 있다

하지만 FC의 입장에서는 청약서에 서명하고 초회 보험료를 회사에 입금하여 청약 승인이 떨어지면 거래의 종료 시점으로 볼 수 있다. 왜냐하면, 또 다른 신계약을 위해 뛰어야 하기 때문이다. 이것보다 더 큰 모순은 없다.

이 모순을 극복할 수 있는 방법 중 하나가 고객 관리이다. 고객입장에서 관리라는 과정을 통해 본인의 납부하고 있는 보험료가 가치 있게 쓰이고 있음을 느끼며, 애초 계약 시점의 보험의 가치를 지속적으로 인지할 수 있도록 도와줄 수 있기 때문이다.

모든 거래는 투자 비용 대비 가치가 자신이 지불한 대가보다 많거나 커야 그 거래는 정상적으로, 그리고 지속적으로 이어질 수 있는 것이다.

고객에게 자신이 지불하고 있는 대가의 가치를 지속적으로 느낄 수 있도록 효과적으로 하자는 것이 고객관리 시스템이라는 것이다.

: 편지를 이용한 고객관리 시스템

DM vs 편지

우선, 편지를 이용한 고객관리 시스템에 대한 예를 들어보겠다.

우편이나 이메일 등을 통해 발송하는 것에는 DM과 편지 두 가지로 나눠볼 수 있다.

DM은 Direct Mail로서 정보나 마케팅을 위한 수단으로 사용되며, 편지는 소식을 전하거나 마음을 전할 때 사용한다.

많은 FC가 DM과 편지를 구분하지 않고 사용하곤 하는데 사실 분명한 차이가 있다.

편지는 마음을 전하고 편지 안에는 보내는 사람이 들어있다. 하지만 DM은 정보나 소식을 전하기 위해 주로 사용된다.

현시대를 살아가는 우리는 보통 한 달에 최소한 5통 이상의 DM을 받는다. 대부분 쇼핑몰 홍보물이나 카드사에서 보내는 여러 가지 할인정보 그리고 여행 정보 등이다.

이 글을 읽고 있는 당신도 어쩌면 다양한 DM을 받고 있을 수 있다.

하지만 편지는 다르다. 한 달에 한 통도 받지 않는 경우가 대다수이다. 이제는 할 말 있으면 전화 한 통이면 되고, 컴퓨터 앞에 앉아서 전자 우편으로 간편하게 실시간으로 전송된다.

굳이 편지를 써서 봉투에 넣어 우표를 붙이고 우체통에 넣는 수고를 하고자 하지 않기 때문일 것이다.

이제 고객입장에서 보자.

고객입장에서 편지는 FC의 마음을 전달받는 것이며, DM은 정보를 전달받는 것이다.

정보는 그들이 원하지 않을 경우 쓰레기통으로 직행하는 경우가 많으나, 손으로 쓰인 편지는 절대로 쓰레기통으로 직행하지 않는다.

편지의 힘은 이미 많은 사례에서 증명된 바가 있다(서점에 가면 관련 서적들이 많으니 참고하길 바란다).

물론, 필요에 따라 정보(DM)를 보낼 필요도 있다. 당신이 고객에게 우편물을 보낼 때는 가급적 편지를 써야 한다는 것은 이제 더 이상 강조하지 않아도 될 듯하다.

이즈음에서 '편지를 자필로 써야 하나, 혹은 출력이나 복사를 해야 하나?'라는 의문을 가질 수 있다.

가장 좋은 편지는 직접 손으로 쓰는 자필 편지이다. 하지만 편지를 써본 사람은 다 알 것이다. 자필로 많은 고객에게 편지를 다 쓴다는 것은 너무나 고통스럽고 어려운 일이다.

그래서 복사기를 활용하는 방법을 제안한다. 복사기(반드시 컬러복사기 사용)를 활용해서 자필로 쓴 편지와 비슷한 효과를 볼 수 있는 방법이 있다.

깨끗한 백지 위에 편지지 모양을 고려해서 자필로 편지를 쓴다. 본 백지 위에는 고객의 이름이나 특정 고객을 칭하는 내용을 쓰면 안 된다.

편지 쓰는 펜은 절대로 일반 볼펜을 쓰면 안 된다. 사용해야 하는 펜은 붓펜이나 세라믹펜, 만년필 등 잉크를 사용하는 펜이어야 한다.

복사 시 사용해야 하는 복사기는 꼭 컬러복사기를 사용해야 한다. 흑백복사기를 사용하면 복사했다는 티가 나게 된다.

깨끗한 종이 위에 쓴 편지를 복사기 위에 올려놓고, 준비된 편지지(한지 편지지가 더 효과적임)를 복사기 트레이에 넣어 복사하면 된다.

편지지는 FC가 직접 만드는 것이 좋다. 예를 들어 여행지에서 찍은 사진을 활용해서 만들어도 좋고, 본인의 가족사진을 활용해서 만드는 것도 좋다.

조금 더 수고하고자 하는 용의가 있는 사람은 이름을 쓸 수 있는 공간을 비워놓고 편지를 복사한 후 고객에게 발송하면 더욱 효과적이다.

이러한 행위조차 할 시간이 없거나 번거롭게 느껴진다면 메일머지 기능을 사용하여 프린터로 직접 출력해도 무방하다(※메일머지_ 사람의 이름이나 특정 정보를 주어진 데이터를 이용하여 순서대로 바꿔가며 출력하는 기능).

단, 어떤 방법이라도 지속적이고 장기간 활용하지 않으면 아무런 의미가 없다.

이렇게 매월 고객들에게 한 통의 편지가 배달된다면 당신이 상상하지 못하는 일이 벌어질 것이다.

편지 발송시기는 매월 날짜를 정해 놓고 그 날짜에 배달될 수 있도록 한다면 더 좋은 효과를 볼 수 있을 것이다.

우리가 아는 영화 속 영웅들은 대부분 혼자서 다수를 상대로 싸운다.

예전에 유명했던 영화 중 코만도나 람보라는 영화만 봐도 혼자서 수백 명을 상대하면서 결국 승리한다.

이 내용은 영화 속에서나 가능한 일이지만, 이것보다 더욱 허무맹랑한 이야기가 있다.

바로 서유기에 나오는 손오공이다.

손오공은 적들의 수가 많을 경우 혹은 혼자서 벅찬 상대를 만나면 머리카락을 뽑아 자신의 분신들을 만들어 함께 싸운다.

　　영화보다 더욱 허무맹랑한 이야기지만, 이 분신술은 우리가 현실에서 충분히 사용할 수 있다. 바로 당신의 마음을 담은 편지가 당신의 분신이 되어 당신이 원하는 시기에 고객들에게 날아가서 제 역할을 다할 것이다.

청약 후 감사의 편지 샘플 ✉

고객님, 감사합니다.

보험이라는 눈에 보이지도 않는 상품을 통해 이렇게 소중한 인연을
맺게 되었습니다.
저는 보험을 통해 고객님의 소중한 가정을 지킬 수 있게 되어 기쁘
고, 고객님을 모실 수 있어 더욱 영광입니다.
많은 FC가 고객관리를 잘하기 위해 노력하지만, 저는 그 누구보다
고객님께 꼭 필요한 사람이 되도록 노력하겠습니다.

보험은 회사마다 비슷비슷한 상품입니다. 하지만 누가 가입했고,
누가 관리하느냐에 따라 명품보험이 되기도 하고, 그저 그런 보험이
되기도 합니다.

고객님께서 가입하신 보험이 분명 명품 보험이라는 것을 몸소 보
여드리겠습니다.

고객님의 영원한 5분 대기조

OOO 드림

고객들이 자신의 의지와 상관없이 계약하면 위와 같은 내용의 편지를 자동으로 받게 된다. 이런 일련의 행위들은 FC가 직접 해도 되지만, 가급적 조직의 비서가 있는 경우 비서를 활용해서 처리하길 바란다.

FC는 깨끗한 백지 위에 편지의 샘플만 적어 놓길 바란다. 그럼 조직의 비서가 FC의 편지를 복사해서 신규 고객에게 알아서 발송할 것이다.

연간 편지 계획

당신의 의지와 상관없이 1년 12달에는 정해진 이벤트들이 생겨난다. 각종 명절과 상업적인 다양한 이벤트들…. 그리고 청약 후 1주년 등.

연간 이벤트들을 활용하여 미리 편지를 써 놓는다면 1년이라는 시간 동안 고객관리를 위한 좋은 밑거름이 된다.

12통의 편지를 미리 써 놓고 팀 비서 및 개인 비서를 통해 매월 정해진 날짜에 고객에게 편지가 도착할 수 있도록 확인 감독만 하면 되니 이보다 더 효과적이고 좋은 시스템은 없다.

아래는 매월 일어나는 이벤트들의 사례이다.

1월	신년, 소한 및 대한 등
2월	입춘, 밸런타인 데이, 설날, 대보름 등
3월	3.1절, 화이트 데이, 삼겹살 데이, 경칩 등

4월	만우절, 식모일, 블랙 데이 등
5월	가정의 달, 근로자의 날, 어린이날, 어버이날, 석가탄신일, 입양의 날
6월	현충일, 키스 데이, 단오, 매실 등
7월	초복, 여름휴가, 장마, 제헌절 등
8월	여름휴가, 광복절 등
9월	태풍, 추석 등
10월	개천절, 천사(1004) 데이, 가을 등
11월	달력 발송, 빼빼로 데이 등
12월	크리스마스, 허그 데이, 동지 등

상기 내용은 음력 일에 따라 바뀔 수도 있음

고객님, 안녕하십니까?

날씨가 추워지는 듯하더니, 벌써 새해가 왔네요.

저는 올해 작년보다 더 나은 한 해를 시작하기 위해 첫 일출을 보고 왔습니다.

고객님께서도 일출 보셨지요?

혹시 못 보셨다면 제가 마음으로 느낌과 기운을 전해드리고 싶습니다.

이번 일출을 보면서 집사람이 그러더군요.

올해는 저 일출을 보고 작년보다 돈을 더 열심히 일해서 돈을 더 많이 벌어오라고 장난 섞인 협박을 했습니다.

장난이었겠지만, 잠시 고민했습니다. '이 사람이…, 얼마나 벌어야 만족을 할는지…?'

작년에도 적지 않은 수입을 가져다 바쳤는데, 올해는 더 하라니….

고객님!

남자로 산다는 것…, 특히 아버지로 산다는 것은 참 고달픈 것 같습니다.

하지만 무한한 가능성을 가진 우리 아이들을 생각하며 올해 더 열심히 살겠습니다.

고객님의 가정에도 늘 행복이 충만하길 빕니다.

고객님의 영원한 5분 대기조

000 드림

위 편지 샘플에서 주의 깊게 지켜볼 내용이 있다.

앞으로 제공되는 모든 샘플에도 있는 내용이다. 눈치가 빠른 사람은 이미 알아냈을 수도 있다. 바로 고객과 공감대를 만들 수 있는 사건을 매인 내용으로 썼다. 그리고 그 내용의 주인공은 고객도 아니고 제3자도 아닌 바로 FC 자신이라는 점이다.

그래서 편지에는 정보가 아닌 FC가 있으며 그 편지는 FC의 분신과 같다고 말할 수 있는 것이다. 또한, 편지는 읽는 사람에게 재미가 있어야 한다. 감동이 있으면 더욱 좋다.

2월에 보내는 편지 샘플 ✉

사랑하는 고객님, 그간 잘 계셨습니까?

이제 며칠 있으면 대한민국 최고의 명절 설날입니다.

저는 원래 촌놈이라, 설날이면 항상 고향에 내려갑니다.

지긋지긋한 차량 정체보다는 부모님과 일가친척들을 만난다는 설렘이 더 앞서는 것 같습니다.

작년 설날은 제가 결혼을 하고 처음 맞이하는 설날이었습니다.

사람마다 설날이나 명절날 집안 어르신에게 듣기 싫은 말이 하나씩 있잖아요?

전 결혼하기 전에는 "언제 결혼할래?"라는 말이었는데, 요즘은 "언제 손주 데리고 올 거냐?"라는 말입니다.

결혼을 하고 나면 더 이상 부모님의 잔소리를 듣지 않고 살 수 있을 것이라 생각했는데…, 결혼을 해도 이 모양입니다.

올해는 정말 최선을 다해 2세 생산에 만전을 기할 생각입니다. 그럼 몇 년은 조용하겠지요?

고객님은 이번 설 명절에 덕담만 하고 듣길 바랍니다.

안전제일 아시죠?

고객님의 영원한 5분 대기조

OOO 드림

일반적으로 명절에 대한 인사 편지에 대한 내용은 이렇다.

"우리나라 최고의 명절인 설날입니다. 가족들과 행복한 날 되시고, 덕담 많이 들으시고, 새해에는 원하시는 것 다 이루는 좋은 한 해 되시기 바랍니다."

상당히 상투적이고 재미가 없다.

고객들은 이러한 말은 FC가 아니더라도 너무 많이 듣는다.

하지만 위의 샘플에서는 설날에 일어날 만한 사건을 고객들의 기억에 남도록 재미있게 풀어주었다.

이 편지를 보내고 몇몇 분의 고객에게 전화를 받았다.

집에만 가면 부모님과 할아버지, 그리고 삼촌, 고모들이 "넌 도대체 언제 결혼할 거냐?"/ "만나는 아가씨는 있냐?"/ "없으면 선봐야 하지 않냐?"라고 성화를 부려 스트레스가 이만저만이 아니라고 나에게 하소연했었다.

또 어떤 고객은 자기도 3년 만에 아기를 가졌는데, 힘내라고 응원을 해주신 고객도 있었다.

3월에 보내는 편지 샘플

안녕하십니까?

이번 달에도 어김없이 편지를 띄웁니다.

3월은 새봄이 찾아오는 계절입니다.

겨우내 움츠렸던 나무에 잎사귀가 돋아나고 굳었던 땅에서 새싹이 돋아납니다.

이런 모습을 보고 있자니 제 마음의 불씨도 다시 더욱 크게 붙습니다.

하지만 봄과 함께 온 황사라는 친구가 기분을 망쳐 놓네요.

저와 제 아내는 이미 황사로 인해 기관지염이 왔습니다.

저는 누구보다 건강하다고 자부하는데, 황사 앞에서는 장사가 없네요.

고객님도 황사 조심하시고 집 안에 황사가 침투하지 않도록 환기에 주의하세요.

생각보다 무서운 놈입니다.

고객님은 무슨 꽃을 좋아하나요?

저는 벚꽃을 좋아합니다. 그리고 목련도 좋아하고, 진달래와 개나리도 좋아합니다.

이 녀석들 성격이 급해 잎보다 먼저 세상에 나오려고 아우성을 치는 놈들이지요.

성격이 급한 것이 꼭 저와 닮았습니다.

누구보다 먼저 가는 것이 항상 좋은 것만은 아니지만, 고객님을 생각하는 마음만큼은 누구보다 앞서고 싶은 욕심을 부려봅니다.

감기 조심하세요.

고객님의 영원한 5분 대기조

000 드림

편지를 통해 상대방의 마음을 흔들어 놓기 좋은 방법 중 하나가 비유나 스토리를 활용하는 것이다. 위의 샘플에서는 봄꽃과 FC의 마음을 비유해서 고객에게 마음을 전한 좋은 예라 할 수 있다.

4월에 보내는 편지 샘플 ✉

고객님 잘 지내시지요?

식목일날 나무 심을 계획은 있으신가요?
예전에 나무를 심기 위해 식목일에 범국민운동을 벌였던 기억이 납니다.

특히, 군 생활 할 때는 좋든 싫든 부대 내 정원과 야산에 강제적으로 나무 심기를 강요당했었습니다. 정말 심기 싫고 귀찮아서 대충대충 심었는데 그 나무가 지금도 살아있다네요. 집에서는 정성을 들여서 가꿔도 나무들이 고사하는데 말이죠.^-^

4월에는 저를 믿어주셨던 고객님께 무엇을 준비할까 고민하다 작은 이벤트를 준비했습니다. 아래 그림에서 틀린 부분이 몇 군데인지 찾아서 저에게 문자를 보내주시면 선착순으로 10분께 제가 준비한 소정의 상품을 드리겠습니다.
많은 참여 바랍니다.

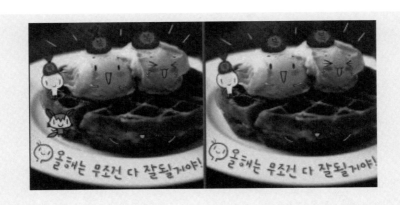

고객님의 영원한 5분 대기조

OOO 드림

샘플은 4월에 있을 만한 사건을 FC의 경험을 바탕으로 재미있게 풀어냈다.

그리고 주목할 만한 점은 4월에는 작은 이벤트를 한다는 것이다.

고객들은 어떤 편지에 이벤트가 있는지 사전에 공지받지 않는다.

그래서 가끔 공지 없이 이런 이벤트를 하게 되면 FC로부터 받게 되는 편지에 대해 항상 관심을 두게 된다.

이벤트는 다양한 것을 활용할 수 있다.

샘플은 틀린 그림 찾기라는 게임을 삽입했으며 고객들의 피드백을 유도한다.

사실 누가 선착순 10명에 들었는지 아무도 알지 못한다.

따라서 FC는 기지를 발휘해 자신이 선물을 주고 싶은 고객을 선택할 수도 있다.

참고로, 누가 선정되었는지 단체 SMS로 공지하면 더 효과적이다.

안녕하십니까?

가정의 달 5월입니다.

5월은 행복을 상징하는 가정의 달이기도 하면서 아빠에게는 공포의 달이기도 한 것 같습니다.

편지를 쓰다 보니 예전 생각이 납니다.

제가 보험회사 들어오기 전에 있었던 회사는 월급체계가 홀수 달은 보너스 달이었으며 짝수 달은 보너스가 없는 달이었습니다. 하필 5월은 홀수 달. 4월에 월급을 적게 받아 경제적으로도 어려운데 참 많은 날들이 순서대로 옵니다. 어린이날, 어버이날, 가끔 스승의 날….

조카 선물 사주고, 부모님 용돈 드리고…. 더 잘해 드리고 싶어 5월 1일 근로자의 날에 선물 받은 로봇 청소기를 마치 제가 새로 산 것처럼 포장해서 드렸던 기억이 납니다. 바로 엊그제 같은데 말이죠.

그래도 5월은 설레는 달입니다.

어린이날은 10년 남았지만, 어버이날은 평생 가잖아요.

나중에 우리 아이들이 챙길 어버이날을 기대하며 5월을 열심히 살렵니다.

고객님의 가정에도 5월 한 달 동안 웃음이 끊이지 않았으면 합니다.

감사합니다.

고객님의 영원한 5분 대기조

OOO 드림

샘플에 있는 내용은 가정의 달이라는 주제이다.

가정의 달은 즐겁기는 하지만, 봉급 생활자에게는 사실 부담스러운 달이다.

실제로 근로자의 날에 받은 무인 진공청소기를 마치 내가 직접 산 것처럼 꾸며 어버이날 부모님께 드린 적이 있었다.

그 사실을 편지에 담아 보냈다.

생각보다 많은 고객들이 과거 내가 했던 행동을 했거나 고민했던 것을 확인할 수 있는 좋은 기회가 됐던 것 같다.

어떤 고객에게로부터 이런 문자를 받았다.

"편지 잘 받았습니다. 그런데 우리 아이가 과연 어버이날을 잘 챙길지 의심스럽네요."

6월에 보내는 편지 샘플 ✉

날씨가 조금씩 따뜻해진다 했더니 벌써 여름입니다.

고객님, 한 달 동안 잘 지내셨나요?

지난 주말에 저는 매실 농장에서 매실 따기 체험을 하고 왔습니다.

따는 재미, 먹는 재미, 노는 재미가 아주 좋았던 시간이었습니다.

저만, 이런 즐거운 시간을 가져서 죄송합니다.

그래서 같이 느끼자는 차원에서 제가 딴 매실 인증샷을 첨부

합니다.

매실의 효능은 고객님께서 잘 알고 계실 것이라 생각합니다.

저의 편지에 답장을 보내 주시는 분께는 제가 직접 딴 매실을 직

접 배달하도록 하겠습니다. 단, 다음 주 화요일까지 도착하는 분에

한해서입니다.^-^

매실 따다 나무에서 떨어져 다칠 뻔했는데요, 제 아내가 "아깝

다. 보낼 수 있었는데….."라고 아쉬워했습니다.

하늘 같은 남편이 다칠 뻔했는데, 보낼 수 있었다니….

제가 이런 여자 데리고 삽니다.

어떻게 AS 안 될까요?

웃자고 한 얘깁니다. 날씨도 더워지는데 더 웃고 살아야지요.

고객님의 영원한 5분 대기조

OOO 드림

6월에는 매실과 앵두, 그리고 뽕나무 열매가 열리는 달이다.

매실은 매년 따러 가고 있으며 많이 따는 날은 가까이 있는 고객에게 배달하기도 한다.

그리고 매실이 부족한 경우 마트에서 사서 드리기도 하는데 이때 마트 포장을 뜯어 그냥 비닐봉지에 담아서 준다.

그래야 내가 직접 딴 것처럼 보이기 때문이다.

앞으로 반복적으로 나올 말이지만 모든 고객관리는 고객의 피드백이 있어야 하며, FC는 반드시 이 피드백에 대한 Follow-up이 있어야 한다.

이것이 고객관리의 기본이다.

가끔은 반강제적으로라도 답장을 받아봐야 하지 않을까?

7월에 보내는 편지 샘플 ✉

우와! 여름이다.

안녕하세요, 고객님? 벌써 본격적인 여름이 시작되었습니다.

회사에 따라 다르겠지만, 어떤 회사는 벌써 여름휴가 일정이 발표된 회사도 있을 것이고, 개인적으로 계획을 세우신 분들도 계시겠네요.

예전에는 여름휴가를 마음대로 즐겼는데, 결혼 이후로 마음대로 즐길 수가 없습니다.

무서운 마나님 때문이지요.

"열심히 일한 사람 떠나라!"라는 말은 미혼일 때만 가능한 것 같습니다.

올해 여름휴가도 가족 봉사 차원으로 다녀와야 할 듯합니다.

하지만 이런 가족들 때문에 제가 더 행복할 수 있는 것 같습니다.

아무쪼록 더운 여름 잘 보낼 수 있도록 건강관리 잘하시고, 휴가 계획 잘 세우세요. 고객님의 가정에 행복만이 깃들길 기원합니다.

고객님의 영원한 5분 대기조

OOO 드림

7월의 샘플은 휴가에 관한 내용이다.

대부분 올 여름휴가는 재미도 있으면서 의미 있는 휴가가 되기를 바라며 계획한다.

개인적인 경험이지만, 나는 매년 계획했다.

하지만 집에 있는 여우 같은 아내 때문에 사실 휴가는 휴가가 아니다.

가족을 위한 봉사활동일 뿐이다.

피드백 중 기억에 나는 내용은 "나는 FC님이 걱정입니다. 우리야 회사에서 공식적으로 휴가 기간을 주지만, FC님은 휴가를 가면 그동안 일을 못하게 되니 걱정스럽네요."라는 말이었다.

마음으로 다가가면 마음으로 돌아온다.

Summer Event

여행은 기다리는 즐거움이 여행 중 느끼는 즐거움보다 큰 것 같습니다.

안녕하세요, 고객님?

고객님의 영원한 5분 대기조 OOO입니다.

저는 벌써 휴가를 다녀왔네요.

계획할 때는 이것저것 잔뜩 계획하고 기대했었는데, 막상 그곳에 도착하니 기대 이하였습니다. 항상 그랬던 것 같습니다. 기다림의 즐거움이 실제 즐거움보다 더 컸던 것 같습니다.

고객님께서도 그러셨지요?

앗! 아직 휴가를 떠나지 못하신 분이 계시다구요?

그럴 줄 알고 아직 휴가를 떠나지 못했거나 올여름 휴가를 포기하신 분들을 위해 제가 작은 이벤트를 준비했습니다.

이 편지에 대한 답신을 SMS로 보내주시는 고객님 10분께 시원한

극장에서 공포영화를 보실 수 있는 영화 티켓을 드리겠습니다.

아시죠? 선착순인 거. 빨리 회신 주세요!

고객님의 영원한 5분 대기조

OOO 드림

8월달 샘플은 휴가를 가지 못한 고객들을 위한 마음으로 이벤트를 준비한 내용이다.

사실 당시 휴가를 갔는지 안 갔는지 모른다.

그저 여름휴가 못 갔다는 SMS를 보내주기만 하면 된다.

한 고객의 항의 전화를 받은 적이 있다.

자기는 한 번도 이벤트에 당첨된 적이 없다는 것이다.

어차피 복불복이다. 편지를 먼저 뜯는 사람이 확률이 가장 높다. 그 고객은 편지가 집으로 가기 때문에 편지를 남들보다 늦게 볼 수밖에 없다고 하소연했었다.

그래서 주소를 회사로 바꾸어 회사로 편지를 보내주었다.

FC의 작은 이벤트는 고객들의 경쟁심리를 자극하기도 하는 것 같다.

이제 곧 추석이네요.

작년에 저의 집사람이 추석날 전을 굽다가 아기가 우니 그렇게 좋아하더라고요.

제가 물었습니다. "아기가 우니 그렇게 좋아?
집에서는 아기 울음소리가 들려도 꼼짝을 하지 않았던 저의 아내입니다. 오히려 제가 달려가 아기를 달랬지요.

명절날 음식 만들 때만큼은 아기 우는 소리를 기다리는 것 같습니다.
하하하! 하지만 저는 이런 아내가 좋습니다. 그래도 싫은 기색 하나 없이 집안 행사에 최선을 다해 줍니다.

추석은 우리 모두 즐거워야 할 우리의 명절입니다.
아내가 즐겁게 보낼 수 있도록 아이들이 행복한 명절을 보낼 수 있도록 고객님께서 많이 도와주셔서 즐거운 추석 보내시길 바래요!!

고객님의 영원한 5분 대기조

OOO 드림

이 샘플은 기혼 여성들이 많이 공감해주었던 편지이다.

명절날 여성에게 제일 큰 효도는 아기가 엄마 옆에 딱 달라붙어 떨어지지 않으려고 떼쓰는 것이 아닐까?

그리고 모든 사람이 그런 것은 아니지만, 며느리들은 시댁에 가면 긴장을 많이 한다. 일도 일이지만 아무리 시부모님들이 아무리 편하게 해주려고 해도 친정만큼 편치 않을 것이다.

10월에 보내는 편지 샘플 ✉

안녕하세요, 고객님?

가을 타는 남자 OOO입니다.

제가 제일 좋아하는 가을이 왔습니다.

10월이면 떠오르는 가수가 이용입니다.

"지금도 기억하고 있나요? 10월의 마지막 밤을…."

이용은 연 중 수입에서 10월에 벌어들이는 것이 제일 많다고 합니다.

저도 10월이 되면 이용의 10월의 마지막 밤을 가장 많이 듣습니다.

이상하게 이 노래만 들으면 헤어진 첫사랑이 생각납니다.

저는 10월에 한 번도 여자한테 차인 적이 없었는데 말이죠.

아무래도 감수성이 예민해지는 가을이라 그런가 봅니다.

바쁘게 돌아가는 연 중 10월 만큼은 감수성이 풍부해질 수 있도록 여행과 독서를 많이 하는 한 달이 되었으면 합니다.

고객님의 영원한 5분 대기조

000 드림

가을 하면 많은 사람들이 비슷한 생각을 한다.

낙엽, 사랑, 이별, 여행, 독서 등이다.

이런 단어들은 항상 감수성이라는 단어를 쉽게 연결할 수 있다.

감수성이라는 단어로서 고객과 공감을 하기 위해 보내졌던 편지이다.

안녕하세요! 고객님을 위해 항상 출동 준비를 하고 있는 OOO입니다.

제가 매월 이렇게 고객님께 편지를 보내드립니다.
저의 소소한 경험과 마음을 담아서…^-^

그래야 고객님께서 저를 매월 한번은 기억하시지 않겠습니까?
누군가 11월을 잊혀진 계절이라고 했던 것 같습니다. 아마도 본격적으로 추워지는 계절이기 때문에 그런 표현을 쓰는 것 같습니다.
고객님의 마음속에 항상 좋은 사람, 그리고 편한 사람으로 기억되기 위해서는 당연히 직접 찾아뵙고 인사드리는 것이 도리이나, 그렇지 못했기 때문에 편지에 제 마음을 담아 매월 저 대신 인사시키고 있습니다.

제가 매월 보내드리는 편지를 단순히 종이에 적힌 메시지라고 생각지 마시고, 저의 분신이라 생각해주시면 감사하겠습니다.
그래서 문득 이런 생각이 드네요.
만일 제가 1월부터 보내드린 저의 분신(편지)을 버리지 않고 간직하신 분이 만일 계신다면 저에게 연락을 주십시오. 저의 마음을 고이 간직해주신 고객님의 마음에 꼭 보답하고 싶습니다. 마치 연애편지처럼….

저로서는 아마 이보다 더 감사한 일은 없을 것입니다.

혹시 한 분도 없더라도 실망하거나 좌절하지 않겠습니다. 대신 더욱 최선을 다하겠습니다.

고객님의 영원한 5분 대기조

OOO 드림

11월은 한 해를 마무리하며 그동안 피웠던 초록을 반납하고 이제 내년을 준비한다.

그래서 나는 11월을 잊혀지는 계절이라는 별명을 붙이게 되었다.

모든 푸르름을 반납하고 다시 앙상한 가지로 돌아가서 내년을 기약하는 계절 11월에 고객들이 나를 잊지 않도록 편지를 띄웠다.

이 편지는 2가지의 효과가 있었다.

고객들이 앞으로 나의 편지를 함부로 버리지 않을 것이며 서로가 절대 잊히지 않는 소중한 인연으로 이어가자는 의미를 전달할 수 있었다.

물론 그 1월부터 11월까지의 편지를 다 보관하고 있는 고객들은 없을 수 있다.

하지만 이제부터는 고객들의 편지 보관함에 나의 편지도 같이 보관
되리라라는 기대는 할 수 있다.

고객님 미리~ 크리스마스입니다.

사실 크리스마스카드를 보내려 하다 이렇게 편지로 대신합니다.

아직 크리스마스가 되려면 멀었지만, 그때는 많은 사람들이 크리스마스카드나 문자 등을 통해 인사할 거니, 제가 미리 선수 칩니다.

사실 저는 크리스마스를 잊고 지낸 지 너무 오래되었습니다.
군에 입대한 이 후 카드는 한번도 받아본 적이 없습니다.
그래서 저한테는 크리스마스가 별 의미는 없습니다. 세상을 각박하게 살아서 그런 것도 있지만, 딱히 이벤트 꺼리나 애인이 없어서 그런 것 같습니다.

그래도 결혼하는 데는 별 지장 없었습니다. 솔로 여러분은 힘내세요.
비록 저한테는 큰 의미가 없는 크리스마스지만, 고객님께는 정말 짜릿한 크리스마스로 기억되었으면 좋겠습니다.

다시 한번 미리 크리스마스!

12월 하면 가장 먼저 떠오르는 말이 크리스마스라는 말이다.

사실 크리스마스는 예수의 탄생을 기념하는 날이지만, 오늘날 우리나라에서는 하나의 축제로 모든 사람이 크리스마스트리를 만들고 선물을 주고받는다.

나는 군대에 입대함과 동시에 나에게는 더 이상 크리스마스가 의미가 없어졌다.

감히 예측건대 아마 30대 이후의 남성들에게는 많은 이들이 크리스마스에 큰 의미를 두지 않을 것이다. 카드를 받아도 자녀에게만 받아보지 다른 사람으로부터는 받지 못했을 것이다.

그런 부분에 있어 많은 공감대가 형성되고 있다.

또한, 크리스마스카드 역시 가능한 12월 초에 발송하라.

사람들은 가장 먼저 받아본 것에 가장 많은 의미를 부여한다.

"1등만 기억하는 더러운 세상!"이라는 유행어까지 생길 정도이니 참고하길 바란다.

지금까지 고객과 계약 후 1년 동안 어떻게 편지를 보내는가에 대한 샘플을 제공했다.

상기 편지는 샘플일 뿐이다.

아마 FC로서 활동하고 있다면 엄청난 소재들이 있을 것이다.

고객들과 나누고 싶었던 경험이나 보험금 지급사례 FC 활동을 하면서 겪었던 슬픔과 기쁨에 관한 내용도 좋은 소재가 될 수 있으니 틈틈이 샘플들을 많이 만들어 두자.

그것이 쌓이게 되면 더 이상 고객들에게 편지를 보내기 위해 그때그때 글을 써야 하는 불편함이 없어질 것이다.

편지를 활용하여 단 한 명의 고객도 소외됨 없이 1년에 12회의 편지를 받게 된다.

이것이 시스템이다. 시스템이라 하기에는 좀 시시한가?

절대로 그렇지 않다.

시스템이라는 것은 초반에 말한 것과 같이 요소들의 구조화 된 집합이라고 했다.

여기서 우리는 고객들이라는 요소를 편지라는 도구를 가지고 FC의 의도와 일치하도록 한 방향으로 정렬한다.

다시 말해, 편지를 이용한 고객관리는 고객의 마음과 FC의 마음을 공명시켜 같이 진동하도록 해주는 시스템이다.

자신의 이미지를 만들어 주는 별명을 스스로 정하라

위의 편지 내용을 보면 마지막 인사를 항상 '고객님의 영원한 5분 대기조'라는 표현을 사용하고 있다. 군 생활을 해본 사람은 5분 대기조가 뭔지 잘 알고 있을 것이다.

상황이 발생하면 5분 안에 출동 준비를 하는 하나의 팀을 5분 대기조라고 부른다. 이 별명을 스스로 지어 고객에게 편지를 쓸 때, 반복적으로 적어 놓으면 고객들은 본인도 모르게 FC의 이미지를 그렇게 그려갈 것이다.

아래는 몇 가지 샘플이다.

- 동반자 OOO
- 언젠가 도움되는 OOO
- 책임감 최고 FC OOO
- 고객과 함께 크는 OOO

: SMS를 이용한 시스템

SMS를 이용한 시스템을 소개하고자 한다.

이 글을 읽고 있는 사람들은 대부 업체로부터 대출 안내를 많이 받았을 것이다. 대부분 우리의 개인 정보가 유출되어 그들에 의해 뿌려지는 말 그대로 스팸이다.

그런데 참 재미있는 현상이 벌어진다.

처음에는 광고성 스팸 문자가 오자마자 지워버렸었다. 하지만 한 여직원으로부터는 2년째 매주 오고 있다. 이제는 점점 그 여자가 누구인지 궁금해지기 시작한다.

SMS는 그것이 광고성이지만, 지속적으로 매주 뿌려진다면 그것에 반응하더라는 것이다.

간단한 문자도 지속해서 보내면 상대방에게 강한 인식을 심어줄 수 있다.

물론 내용이 중요하다.

아래의 그림은 SMS의 두 가지 사례이다.

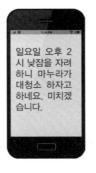 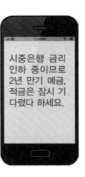

일요일 오후 2시 낮잠을 자려 하니 마누라가 대청소 하자고 하네요. 미치겠습니다.

시중은행 금리 인하 중이므로 2년 만기 예금, 적금은 잠시 기다렸다 하세요.

이 두 메시지의 차이점에 대해 무엇을 느낄 수 있을까? 잠시 생각해보기 바란다.

위의 메시지 중 하나는 FC의 일상을 보냈으며, 다른 하나는 좋은 정보를 주고 있다.

FC들은 금융 전문가의 모습으로 비치기 위해 SMS도 그와 관련된 고급스러운 정보를 제공하는 것이 효과적이라 생각하는 경향이 있다.

물론 경우에 따라 다르겠지만, 내가 생각하는 좋은 SMS는 짧은 글을 통해 고객과 공감대를 같이 형성할 수 있는 SMS이다.

강의를 하다 보면 가끔 그 SMS는 수준이 좀 낮아 보인다는 의견과 연령별로 좀 가려야 하는 것 아니냐는 질문을 받기도 한다.

성별과 연령별로 나눠서 발송할 필요가 있을 때가 있다. 하지만 고급 금융정보를 담은 SMS가 공감대 형성을 할 수 있는 SMS보다 우월하다 생각하지는 않는다.

누구나 카드사에서 혹은 은행에서 대부업체에서 아니면 백화점이
나 마트 같은 유통업체에서 보내는 좋은 정보를 지속적으로 받고 있
다. 그중에 당신의 기분을 좋게 만들어주는 SMS가 얼마나 있는가?
그리고 그 정보들 중에서 당신에게 실제 도움이 되는 정보는 몇 개나
있는가?

실천에 옮겨보라. 적어도 고객들의 회신율이 지금까지 보냈던 SMS
보다 훨씬 더 높아질 것이다. SMS를 보는 고객들의 입가에 잠시나마
미소를 줄 수 있다면 80바이트의 SMS는 제 역할을 다 했다고 할 수
있을 것이다.

SMS를 발송하는 요일과 시간을 정하라

그냥 보내는 것보다 정해진 요일과 정해진 시간에 보내는 것이 더욱
좋다.

이 글을 읽은 후 당신은 매주 O요일 OO:OO에 SMS를 보낸다고 결
심하길 바란다.
SMS는 편지나 다른 우편물보다 훨씬 손쉽게 활용할 수 있다.
주 중에 일어났던 에피소드도 좋다.

고객들이 식당을 차렸을 때 홍보해주는 것도 좋다.

고객들이 사업을 할 때 홍보해주는 것도 좋다.

당신의 마음을 담고 고객에게 도움이 될 수 있는 SMS라면 반드시 보내라.

이것이 3개월만 반복되면 고객들은 매주 O요일 OO:OO에 당신의 메시지를 기다리게 될 것이다.

이렇게 고객들은 당신의 생활과 마음이 담긴 편지를 한 달에 1번씩 받게 될 것이며, 당신의 생활과 마음이 담긴 SMS를 한 달에 4번씩 받게 될 것이다.

지금까지 위에서 보여준 사항은 하나의 사례에 지나지 않는다.

위의 샘플을 참고로 하여 스스로 자신에게 맞는 시스템을 만들어야 한다.

다시 한번 강조하지만, FC는 혼자 일을 해야 하는 숙명을 가지고 있다.

고객 한 명 한 명을 매월 실제로 만나는 것이 가장 좋으나, 현실적으로 분신술을 쓸 수 없다면 불가능한 말이 된다.

이 불가능을 가능하게 하는 것이 바로 시스템이라는 것이며, 이 안에서 고객들은 FC를 간접적으로 자주 만날 수 있을 것이다.

여러분의 고객관리 시스템이 일단 가동되기 시작하면 기존 고객뿐만 아니라 가망 고객, 그리고 지나가다 받은 명함에 있는 사람까지, 여러분이 식사했던 식당의 주인까지 그 시스템 안에서 관리되어 질 것이다.

기록을 보관하라

고객관리 시스템을 잘 활용하는 FC의 공통점은 본인들이 발송한 SMS 내용 및 편지의 내용을 버리지 않고 적어놓거나 보관하고 있다는 점이다.

중복해서 발송되는 것을 예방하기 위한 이유도 될 수 있지만, 짧고 소소한 글과 내용이 쌓여서 결국 FC의 재산이 되니 꼭 기록·보관하길 바란다.

: 디테일에 주목하라

이성에 호기심이 가장 많았던 시기는 아마 공부를 가장 열심히 해야 하는 청소년기였다.

하지만 그때는 교과서나 참고서보다 더욱 나의 관심을 끈 책은 소위 '야설'이라는 분야의 책이었다. 어머니 몰래 책상 서랍 속 깊은 곳에 숨겨 놓고 읽었던 기억이 난다.

나의 호기심을 자극했던 것은 남녀 성관계를 묘사한 부분이었다. 그 부분을 읽으며 나는 미지의 세계에 대해 상상하곤 했었다.

아래의 짧은 내용을 비교해 보자

"그렇게 그녀는 그와 아름다운 밤을 보낸 후 눈 부신 햇살 속에서 아침을 맞이했다."

"그렇게 그녀는 침대 속에서 그의 섬세한 손길이 겨드랑이를 스치며 가슴으로 바람처럼 터치하는 것을 느끼며, …중략… 눈 부신 햇살 속에서 아침을 맞이했다."

1번은 디테일이 없다. 남녀가 간밤에 사랑을 나눴다는 내용만 알수 있다. 하지만 2번은 디테일이 있다. 남녀가 간밤에 어떻게 사랑을 나눴는지 상상하게 만들며 순간의 집중도가 올라간다. 짧은 부분이지만 자극 자체가 다르다.

내가 바로 강조하고 싶은 부분은 바로 이 부분이다.

얼마나 섬세하고 자세하게 묘사를 하느냐에 따라 나의 관심도가 달라진다.

다시 말해, 보다 디테일할수록 감흥이 달라진다는 것이다.

소설에서 작가들이 가장 많이 공을 들이는 부분이 탄탄한 구성이다.

그리고 부분 부분을 묘사하게 된다.

FC의 고객관리도 이와 동일하다.

고객관리 시스템이 스토리의 탄탄한 구성이다.

하지만 이 스토리 가지고는 아무런 감동을 줄 수 없다. 물론 어느 정도의 감동은 줄 수 있지만, 관객이 눈물을 흘리며 주인공과 공감을 하는 부분은 주인공의 심리 상태를 묘사한 부분이다.

맥락이 없이는 부분을 이해할 수 없지만, 부분 부분의 디테일 없이 맥락을 살릴 수도 없다.

고객관리 시스템만으로는 우리가 원하는 만큼의 소개나 추가계약을 기대하기 힘들다.

우리가 원하는 만큼의 소개를 받기 위해서는 감동을 줘야 한다.

감동을 주기 위해서는 디테일을 놓쳐서는 안 된다. 왜냐하면, 감동은 작은 곳에서 시작하기 때문이다.

그렇다면 우리가 놓치지 말아야 하는 디테일은 무엇인가?

- **고객의 생일**
- **고객의 결혼기념일**

- 자녀의 생일

- 추석, 설

- 청약 기념일

- 고객의 대소사

- 고객의 진급, 이직, 연봉인상, 실직 등

FC가 놓치지 말아야 할 부분들은 너무 많다.

이것을 전부 선물이나 돈으로 감당하기에는 사실상 불가능하다.

그렇다고 그냥 넘기기에도 고객 관리에 허점이 보일 수 있다.

이럴 때 우리가 의식해야 하는 부분은 디테일이다. 미처 생각하지 못한 사소한 곳에서 시작하는 섬세한 디테일이 고객의 마음을 움직일 것이다.

: 고객의 기념일과
정보 확인하기

당신의 Pool list에는 100명 혹은 200명의 사람의 이름과 연락처가 적혀있다.

정말 중요한 일이지만, FC들이 소홀히 하기 쉽고, 경우에 따라서는 거의 하지 않는 것이 고객의 정확한 정보를 지속적으로 확인하고 관리하고 기록해야 하는 것이다.

이 정보들을 확인해야 하는 것은 FC들의 숙제이다.

대한민국 학생들 중에 숙제하는 것이 행복한 학생은 100에 1명도 안 될 것이다.

하지만 해야 한다. 그것이 숙제이다.

지금 당장 전화를 해서 고객의 생일을 확인하라.

100명~200명의 가망고객 모두의 생일과 정확한 주소를 확인하라.

고객의 생일과 정확한 주소 등을 확인하는 것이 고객과 면담 약속을 잡는 것보다는 쉬울 것이다.

이번 달에는 고객의 생일을 핑계로 전화하고, 다음 달에는 고객 배우자의 생일을 확인하기 위해 전화하고 다음에는 고객 자녀들의 생일을 핑계로 전화하라.

당신이 직접 작성한 가망고객 리스트지만, 정말 전화하기 싫은 사람이 있을 것이다.

그 사람에게 생일을 묻기 위한 전화는 그나마 할 만하다.

대부분의 고객들은 별 부담 없이 생일을 가르쳐 준다. 하지만 가끔 이유를 묻기도 하고 주저하는 경우도 있다. 솔직하게 답하라. "생일 챙겨드리려고 합니다."

어떤 고객은 "왜 보험 설계해보게?"라고 물을 수도 있다.

당황하지 마라. "어떻게 아셨습니까?"라고 말하며 천연덕스럽게 이어가라.

또한, 부수적으로 얻게 되는 효과이기도 하지만, 가망고객 및 기존 고객에게 이런 정보를 확인하기 위해 전화하다 보면 가끔 즉시 계약으로 연결되는 경우도 있으니 때로는 일거양득이 되기도 한다.

이렇게 생일을 알아낸 후에는 고객, 배우자, 자녀들의 이메일 확인을 핑계로 전화하라.

모든 고객의 기념일과 주소, 연락처, 그리고 이메일을 확인한 후에 FC는 비로소 본격적으로 섬세한 고객관리를 시작할 수 있다.

: 고객의 생일 기념하기

내가 교육을 하면서 가장 많이 물어보는 것 중 하나가 "고객의 생일날 어떻게 하느냐?"라는 질문이다.

가장 많이 들은 답은 "케이크를 보낸다."/ "미역을 보낸다." 그리고

"와인을 보낸다." 등의 내용이다. 케이크도 좋고, 미역도 좋고, 와인도 좋다.

선물은 보낼 수도 있고 직접 전달할 수도 있다.
만일 고객에게 케이크를 보낸다고 하면 어떻게 어디로 보내는 것이 효과적일까?

- 케이크를 집에 보낸다.
- 케이크를 사무실로 보낸다.
- 케이크를 사무실로 직접 가지고 간다.
- 케이크를 집으로 직접 가지고 간다.

이 문제에 대한 답은 당신의 경험에 맡기도록 하고 싶다.
나는 개인적으로 3번이 가장 효과적이었다.
주위 직원들도 같이 불러 함께 축하하는 자리를 내가 직접 만들어 직원들을 모으고 같이 축하하고 인사를 나눈다.
고객은 축하를 받아서 좋고 FC는 사무실 직원들하고 인사를 해서 좋다.

이렇게 케이크를 줄 때도 다양한 방법을 활용할 수 있는데, 우리는 시간이 없다는 핑계로 케이크를 배달해주고 만다. 고객은 고마워하지만 당신의 Pool list는 쉽게 채워지지 않을 것이다.

생일 노래 불러주기

더욱 저렴하고 더욱 효과적인 방법을 하나 더 소개한다.

내 강의를 들으러 온 한 FC의 사례이다.

그 FC는 프랑켄슈타인의 외모와 덩치를 가지고 있는, 전형적인 저돌적 이미지를 가지고 있는 이 FC는 고객의 생일이면 사무실에 들어가 큰 소리로 생일 축하 노래를 해주고 나온다.

그 상황을 한번 상상해보길 바란다.

아침에 갑자기 '쿵' 하고 큰소리로 문이 열리더니 험악하고 덩치 큰 남자가 양복을 입은 채 갑자기 사무실로 들어온다.

그리고 큰 소리로 "OOO 고객님의 생신을 진심으로 축하합니다. 생일 축하합니다. 생일 축하 합니다. 사랑하는 OOO 고객님 생일 축하 합니다. 감사합니다."

노래가 끝나자마자 도망치듯 사무실 밖으로 뛰어나간다.

위의 상황이 상상이 되는가?

아마 처음에는 당황을 했다가 나중에는 웃을 것이다.

어떻게 보면 무모할지 모르겠지만, 할 수만 있다면 재미있는 생일 이벤트이다.

생일 노래를 하고 사무실 밖으로 나가면 많은 사람들이 그 고객에게 다가가 그 사람이 누군지 물어본다. 주위 고객들은 그 FC에 대한 인상이 강하게 남게 된다.

이렇게 고객의 생일을 빌어 또 다른 가망고객 발굴의 시점이 되는 것이다.

FC의 중요한 임무 중 하나는 많은 사람들에게 본인의 얼굴을 반복적이고 지속적으로 알리는 것이다. 정말 열심히 일하고 긍정적인 마인드를 가지고 있으며, 고객을 가족처럼 생각하는 그런 FC의 이미지로 알리는 것이다. 고객의 생일에 대해 축하도 하고 얼굴도 알릴 수 있다면 FC라면 당연히 해야 하는 일이다.

미역국 전달하기

또 다른 방법이 있다.

만일 고객이 여성이라면, 그것도 결혼한 지 약 6년 이상이 되고 5~3살 정도의 자녀가 있는 기혼 여성이라면 생일에 어떻게 하겠는가?

기혼 남성은 생일날 아침 아내가 미역국을 끓여주는 경우가 많다.

하지만 남성이 아내의 생일에 미역국을 끓여주는 경우는 드물다.

FC는 이런 사소한 것도 놓치면 안 된다.

생일 아침, 1시간 정도 일찍 일어나 미역국을 직접 끓여 보온 물병에 담아 고객의 집에 예고 없이 방문한다.

그리고 아무 일도 없었다는 듯 그냥 자연스럽게 준비해간 보온 물병에 담긴 미역국을 그릇에 부어 주면서 딱 한마디만 남기고 돌아온다.

"오늘 생일이시지요? 생일 축하드립니다. 보통 가정주부들은 생일날 아침 미역국을 챙겨 먹기 힘들 다는 것 알고 있습니다. 부끄럽지만 맛있게 드시고 생일날 좋은 일만 생기기 바랍니다."

그 말을 하는 동안에 그 여자 고객분의 눈에 눈물이 맺히는 것을 볼 수 있을 것이다.

그 뒤에 일어나는 상황은 당신들의 상상에 맡기도록 하겠다.

가끔 강의 도중 내가 이런 말을 하면 어떤 FC는 시간이 없어서 그렇게 끓일 수 없다고 이야기하는 분들이 있다.

요즘 동네 슈퍼에 가면 즉석 미역국이 많이 있다.

그런 사람들은 즉석 미역국을 사서 끓여도 효과는 같다.

멀리 있는 고객의 생일

멀리 있는 고객의 생일은 어떻게 관리해야 하는가?

자동차로 2시간 이상 떨어진 곳에 거주하는 고객의 생일은 직접 방문하기가 여간 까다로운 일이 아닐 수 없다.

이런 경우에는 정말 간단한 선물만 보내도록 한다. 간단한 자필 엽서를 동봉해서 보내야 FC의 마음이 같이 전달된다.

일반 엽서를 사용하는 것도 좋지만 가능하면 FC의 사진이 들어간 엽서를 주문·제작하길 권한다. 최근 웹사이트에서 엽서 주문·생산 하는 업체가 굉장히 많다. 비용도 크게 부담스럽지 않으니 사용해볼 만하다.

개인적으로 원거리 고객들의 생일은 항상 천연비누를 보냈다. 물론 엽서와 함께 발송했다.

천연비누는 사려면 제법 비싸지만, 직접 만들면 아주 저렴하고 예쁘게 만들 수 있다.

최근 웰빙을 넘어서 힐링의 바람이 불어 웬만한 지역마다 천연비누 공방들이 다 있다.

천연비누를 만드는 것도 수준별로 차이가 있지만, 가장 기초적인 비누는 누구나 손쉽게 만들 수 있다.

가까운 공방에 방문해서 만드는 방법을 배우면 우리가 생각하는 것보다 손쉽고 저렴한 비누 선물세트가 완성된다.

주말에 시간을 내어 공방에 방문해서 한번 만들 때 50~60개 정도 만들어서 원거리에 있는 고객들에게 선물한다.

어린 자녀가 있는 가정은 천연비누를 더욱 선호하는 편이다.

엽서 내용에 빠지지 말아야 할 내용이 있다.

"이 천연비누에는 계면활성제라는 유해물질이 없어 자녀들의 아토피에 도움이 된다."

라는 말을 꼭 넣어서 엽서를 쓴다. 그러면 의미는 더 커진다.

또한, 비누를 제작할 때 모양을 내는 것도 중요하지만, 비누를 사용할 때마다 FC의 생각이 날 수 있도록 해 줘야 한다.

그 방법 중 하나는 투명한 필름지에 FC의 이름과 메시지를 넣어 비누를 처음부터 투명하게 만들어서 선물한다. 그럼 매일 아침 당신의 이름을 보게 될 것이다.

고객 생일에 보내는 엽서 샘플

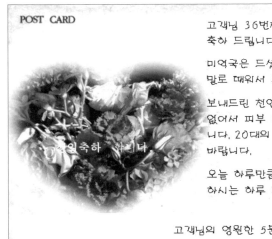

POST CARD

고객님 36번째 생일을 진심으로
축하 드립니다.

미역국은 드셨나요? 멀리서 이렇게
말로 때워서 죄송합니다.

보내드린 천연비누는 유해물질이
없어서 피부 미용과 아토피에 좋습
니다. 20대의 젊음(?)을 되찾길
바랍니다.

오늘 하루만큼은 하고싶은 것 다
하시는 하루 되세요~~♡

고객님의 영원한 5분 대기조 ○○○드림

: 고객의 결혼기념일

기혼 고객이라면 결혼기념일은 둘만의 특별한 날이 된다.

결혼기념일에는 어떤 이벤트가 좋을까?

그에 대한 답을 찾을 수 있었다.

이것은 보험 전문 강사 로제타 스톤의 한상욱 강사에게 배운 내용이다.

결혼기념일에는 커플 속옷을 선물한다.

백화점에 있는 명품 속옷이 아닌, 동대문이나 남대문 혹은 동네 시장에 있는 저렴한 속옷이 더 좋다. 어차피 고객의 속옷 치수를 정확히 알고 사줄 수도 없는 노릇이며, 그날을 기념하며 일회성으로 입을 것이기 때문에 좋은 속옷을 고르는 것보다 약간은 짓궂으면서 재미있는 속옷을 선택하는 것이 좋다.

거기에 엽서는 필수다.

한번은 지방에 있는 고객이 결혼을 한다는 연락을 받았다.

그래서 한상욱 강사에게 배운 대로 커플 속옷을 선물해야겠다고 생각하고 남대문에서 야광 속옷을 발견하고 그것을 보냈다.

가까이 있으면 직접 전달했을 텐데, 멀리 있다 보니 선물만 보냈다.

그 고객이 신혼여행 다녀오더니 너무 재미있었다고 전화가 왔다.

처음에는 여행 자체가 재미있었다는 말인 줄 알았는데, 알고 보니 내가 선물해 준 야광 속옷 때문에 너무 재미있었다는 말이었다.

덕분에 어색하지 않은 첫날밤이 되었고, 신혼여행에서 돌아오는 날까지 밤에는 그 속옷을 입었다는 이야기를 듣게 되었다.

생각보다 고객들의 반응이 좋았다.

그래서 나는 확신한다. 계약을 부부 계약으로 이끌고 싶다면 반드시 결혼기념일에는 커플 속옷을 선물하라.

또 한 가지 좋은 방법은 가족사진을 찍어 선물하는 것이다.

결혼기념일에는 부부 혹은 가족이 함께 있을 확률이 높다.

FC는 그때 잠깐 고객의 집에 들러 사진을 한 장 찍어주는 이벤트를 진행할 수 있다.

고객 입장에서는 부담스러울 수 있지만, FC 입장에서는 이보다 더 좋은 기회가 없다.

한 가정을 보험이라는 상품으로 경제적인 위협에서 보호하는 일을 하는 FC가 내가 보장하는 가족의 얼굴을 모른다는 것은 오히려 더 말이 되지 않는 일일지 모른다.

고객이 부담스러워 하더라도 가족들이 모이는 시간에 5분 정도 들러 기념촬영을 하라!

사진을 잘 찍는 것도 중요하지만, 찍는다는 그 의미만으로도 큰 의미를 지닌다.

그리고 즉시 인화해서 종이 액자에 넣어 고객에게 선물하도록 하자.

좋은 액자에 놓을 필요는 전혀 없다.

종이 액자에 넣어 주면 고객들은 냉장고 등에 붙여놓는다. 물론, 1

년이 지나면 자연스럽게 사라지게 되며 또 그날이 되면 사진을 찍어 주며 기념일을 축하할 수 있다.

: 자녀의 생일

많은 보험 영업인들은 계약자 당사자만 본인의 고객이라고 생각하는 경향이 있다.

고객들도 자신만 고객이지 가족들은 고객이 아니라고 생각한다. 그리고 가족까지 관리해 달라는 요구를 하지도 않는다.

하지만 FC는 남들이 하지 않는 관리를 해야 살아남을 수 있다.

지금부터 이 글을 읽은 사람들은 당신 고객의 모든 가족이 다 당신의 고객이라 생각해야 한다.

만일 4인 가족의 아버지가 당신의 고객이 되었다면, 당신의 고객은 그의 아내와 그의 자녀 2명까지 4명의 가족이 모두 당신의 고객이 된 것이라 생각해야 한다.

따라서 자녀의 정확한 생일을 고객관리 챠트에 기록을 해야 하며 당신의 노트북이나 사용하고 있는 별도의 프로그램에서 자동으로 고객 자녀의 생일을 잊지 않도록 입력을 해야 한다.

'고객의 생일을 챙기는 일도 만만치 않은데 고객 자녀의 생일까지 챙겨야 하나?'라는 푸념을 하기 이전에 자녀들도 충분히 잠재 고객이 될 수 있음을 잊지 말아야 한다.

고객 자녀의 생일을 축하하기 위해 작은 선물을 보내자.

가능하면 고객 자녀의 이메일을 통한 축하메시지를 추천한다.

이메일은 금전적인 부담도 없으면서 어린 자녀들이 잘 활용하는 매체이기 때문에 더욱 효과적이다.

이메일에 빼놓지 말아야 하는 내용 중 하나는 꼭 부모님께 안부 전하라는 말과 함께 교육용 동영상을 같이 보내도록 하자.

요즘 인터넷이라는 정보의 바다에 교육용 동기부여 동영상이 너무나 넘쳐난다.

예를 들어, '저스틴 카터'의 동영상이라든지 '맨발의 아배베', '숀 스티븐슨', 그리고 '팀 호이트' 등 장애를 극복하고 자신의 꿈을 이뤄나가는 감동 스토리가 학생들에게 충분한 동기부여가 될 것이다.

그리고 이 동영상은 자녀만 보는 것이 아니라, 부모와 같이 볼 확률이 크기 때문에 효과적인 고객관리가 될 수 있다.

앞서 소개한 한상욱 강사는 자녀들에게 학습지를 매 학기 초에 보낸다고 한다.

가능하면 수학 및 영어 등의 학습지가 더 효과적이다.

이유는 그것을 받아보는 사람은 자녀가 아니라 그들의 부모가 될 것이기 때문이다.

많은 학생이 수학과 영어에 취약하다. 그 점을 활용한다면 그들의 부모들은 당신 자녀가 수학과 영어를 못하는지 어떻게 알고 이렇게 참고서까지 챙겨 보내주는지에 대한 감사의 전화를 받게 될 것이다.

물론 학습지나 문제집을 보낼 때는 간단한 엽서를 함께 보내는 것을 잊지 말자.

꼭 들어가야 하는 내용은 "당신의 자녀 혹은 자녀가 없다면 조카나 사촌 동생이 이 문제집을 보고 많은 도움이 되었다."라는 것을 강조해주길 바란다. 그래야 받는 사람 입장에서는 더욱 많은 성의를 느낄 것이다.

: 청약 기념일

연인들은 기념일들이 참 많다.

만난 지 100일째 되는 날은 남자가 장미꽃 100송이를 여자에게 안겨주며 그날을 축하하며 서로의 사랑을 키워나간다.

그리고 200일도 기념하며, 1년도 기념한다.

오래 사귄 연인들은 1,000일을 기념하기도 한다. 그들은 왜 그렇게 만난 이후의 일수에 집착하게 되는 것일까? 해답은 바로 그 둘만의 날이기 때문으로 해석된다.

FC와 고객도 이런 기념일을 만들었으면 한다.

꼭 연인들만 이런 날을 기념하라는 법이 있는가?

편지를 보낼 때도 "고객님과 보험을 통해 만난 지 꼭 100일째 되는 날에 이 편지를 씁니다." 식으로 편지에 의미를 담을 수 있으며 1년을 기념할 수도 있다.

: Annual Review

FC들은 청약 이후 1년이 되면 보험 약관과 계약 사항에 관한 내용을 잊지 않도록 고객을 만나서 다시 한번 상기시켜 줘야 한다. 이 행위를 Annual Review라고 한다. 사실 많은 FC 중 이것조차 하지 않는 FC들이 너무나 많이 있다.

연인들처럼 100일 200일은 못 챙기더라도 1년은 기념해야 한다.

또한, 1년 후에 고객에게 계약 내용을 상기시켜 주는 것은 비즈니스 차원으로 보더라도 고객 서비스의 아주 중요한 역할을 한다.

몇 년 전 나는 차를 구입한 적이 있다.

자동차를 구입 후 정확히 1년이 되는 날, 나에게 자동차를 판매한 영업사원으로부터 전화 한 통이 걸려왔다. 그 영업사원은 나에게 안부를 제일 먼저 물었다. 왜냐하면, 자동차는 가장 위험에 많이 노출되어있는 물건이기 때문일 것이다.

그리고 하는 말이, '1년이 되었으니 당신의 운전 습관으로 예측해보건대, 엔진오일은 3번 교환했어야 정상이고 타이어 공기압은 주기적으로 점검을 하는지, 얼마 전에 리콜했는데 서비스는 잘 받았는지'에 대한 내용을 꼼꼼히 챙겨 주었다. 자동차를 운전하는 오너 드라이버라면 당연히 해야 하는 것이지만, 영업사원으로부터 직접 전화가 와서 했는지 꼼꼼히 챙겨주는 모습이 상당히 인상적이었다.

더군다나 나의 운전습관으로 약 16,000킬로미터를 주행했을 것이라는 그의 예측이 나를 깜짝 놀라게 하였다. 언제 다시 자동차를 구입할 일이 있을지 모르지만, 다시 구입하는 날에는 반드시 그 영업사원을 통해 구입을 할 것이다.

또한, 나의 지인도 많이 소개를 해주었다.

자동차 영업사원도 1년이라는 시간을 의미 있게 챙기는데, 눈에 보이지도 않는 보험 상품을 판매하는 FC는 더욱 관심을 기울여야 한다.

Annual Review를 할 때 많은 FC들은 계약사항만 Review 해주고 돌아온다.

안 하는 것보다는 100번 낫지만, 기왕에 하는 것이라면 효과적으로 하는 것이 좋다.

그에 대한 아이디어로 FC들에게 타임캡슐을 활용해보라고 권해본
적이 있다.

청약이 끝난 후 보험 증권이 나오면 빈 타임캡슐을 가지고 고객에
게 보험증권을 전달하기 위해 간다. 그리고 보험 증권을 전달한 후
고객과 1년 후 고객의 목표와 꿈에 대한 사항을 적어 타임캡슐에 넣
고 밀봉을 한다.

타임캡슐에 들어가는 내용의 샘플은 아래와 같다.

1년 후 나의 목표

앞으로 1년 후 나 OOO은 아래의 목표를 실천하겠다.

1. 건강
나는 1년 후 체중을 5킬로그램 감량하겠다.

2. 가정
나는 1년 동안 아들과 10번의 야외활동을 가겠다.

3. 도서
나는 1년 동안 12권의 자기 계발 도서를 읽겠다.

4. 저축
나는 1년 동안 1,000만 원을 저축하겠다.

1년 후 나에게로 보내는 편지

○○아, 네가 이 글을 읽을 때 즈음이면 아마 지금보다 훨씬 건강하고 날씬한 모습이 되어있겠구나. 너 예전에는 참 핸섬했었는데, 그 모습을 다시 볼 수 있을 것 같다.

그리고 말 안 듣는 아들이 너와 참 많이 친해졌지? 아무쪼록 계속 아들에게 너의 시간을 쪼개어주길 바래.

너 지금까지 한 번도 정기저축을 끝까지 가본 적이 없었는데 이번에는 성공했냐?

네가 1,000만 원짜리 통장을 가지고 흐뭇해하는 모습을 기대한다.

이 편지를 읽을 때는 정말 네가 원하는 모든 것을 다 이루고 또 다른 목표를 세우는 기분 좋은 그날이 되었으면 좋겠다.

○○년 ○월 ○○일 1년 전의 내가 1년 후의 나에게…

처음에는 고객들이 의아해하다가도 재미로 자신의 1년 후의 목표를 적어 준다.

특히 나에게로 보내는 편지를 적을 때는 고객이 난감해하지 않도록 자리를 살짝 피해주는 것도 괜찮은 방법이다.

그리고 1년이 지난 후 고객과 Annual Review를 할 때 타임캡슐을 개봉한다.

계약 사항과 약관을 다시 한번 상기시킨 후 마지막으로 개봉하면 고객별로 반응이 다양하다. 어떤 고객은 자신이 타임캡슐에 무엇을 넣었는지 기억조차 못 하기도 하고, 어떤 고객은 스스로 부끄러워하기도 한다.

대부분의 고객들은 자신이 세운 목표를 이루지 못했을 가능성이 많다. 왜냐하면, 목표는 항상 자신의 능력보다는 약간 높게 세우기 때문이다.

1년 후의 목표 중 FC가 주목해야 하는 것은 예금에 관련된 목표이다.

우선 예금에 대한 목표를 이루지 못한 경우 왜 저축을 하지 못했는가? 혹은 왜 중간에 통장을 깰 수밖에 없었는지에 대한 이유를 확인하게 되면, 대부분의 고객은 "마음은 있었는데 행동하지 못했다고 답하거나 급전이 필요해서…"라고 대답한다.

이럴 때 고객은 FC가 판 함정에 빠진다.

위에 명시된 목표를 보게 되면 1년 후에 모으고 싶은 돈 1,000만원 이외의 단서가 없다.

다시 말하면, 고객은 이 1,000만 원이 왜 필요한지에 대한 내용이 없다는 것이다. 그래서 중간에 깨질 수밖에 없다. FC는 이 점을 잘 이용하여 고객에게 통장에 명찰을 붙여야 한다고 강조해야 한다.

왜 급전이 필요하면 적금통장부터 깰까?

적금을 들고 있는 돈에 대한 목적성이 없기 때문이다.

돈은 모아야 한다고 생각은 하는데,

그 돈은 많으면 많을수록 좋다고 생각은 하는데,

막상 무엇을 위해 이 돈을 모으는지에 대한 이유가 없어서 적금이 쉽게 깨지게 된다.

주위를 가만히 살펴보길 바란다. 적금에 가입할 때 목표의식을 가지고 가입하는 사람이 과연 몇이나 있는지? 대부분, "어떤 상품이 좋더라!" 하면 가입하고, "어떤 상품이 유행이다!"하면 가입하고, "어떤 상품이 새로 나왔는데 이자를 많이 주더라!"하면 가입하고, 대출받을 때 가입하는 경우가 대부분이다.

그 자리에서 다음에 만들 통장의 이름표를 적어보자.

예를 들어, 이 적금 통장은 '우리 아이 대학 자금', 저 통장은 '우리

가족 보금자리 통장' 등의 이름표를 붙여야 급전을 쓸 일이 생겨도 통장이 쉽사리 깨지지 않게 될 것이다.

그런데 이 대부분의 목표 자금은 앞으로 당장 필요한 것이 아니라 5년 혹은 10년 후에 사용하게 될 자금들이다.

10년 후에 사용하게 될 자금은 당연히 은행권의 단리 및 단기 적금 보다는 보험회사의 저축성 상품이 더 유리하다.

FC는 이러한 점을 잘 이용해서 고객들이 자신이 왜 보험회사에 장기 저축을 해야 하는지에 Needs를 깨닫게 유도한다.

그런데 만일 고객이 목표로 한 1,000만 원이라는 돈을 열심히 저축해서 모았다면 어떻게 해야 할까? 관련된 짧은 RP를 소개한다.

"고객님 축하드립니다. 목표로 한 1,000만 원을 다 모으셨네요. 이제 이 돈으로 무엇을 하고 싶으신가요? TV 바꾸실 건가요? 자동차 바꾸시겠습니까? 아니면 집 가구를 바꾸겠습니까? 아마 아직 TV, 자동차, 가구 등은 쓸 만할 것입니다. 그렇다고 해서 안 쓰고 통장에 넣어둔다면 돈이라는 놈은 휘발성이 강해서 언제 사라졌는지도 모르게 없어져 버릴지도 모릅니다. 제 생각에 가장 가치 있는 방법은 지금 하고 계신 연금에 추가 납입하셔서 노후를 위해 투자하시는 것이 좋을 듯합니다."

그 외 다양한 방법들이 있을 수 있으니 위의 RP는 참고만 하길 바란다.

: FC 활동 관련 소식지를 활용하라

자신이 가입하고 있는 보험의 혜택을 입는 고객은 드물다. 어떤 사람은 보험금을 타지 못하는 경우도 있다. 그래서 보험회사만 좋은 일 해주는 것이 아닌가라는 의구심을 갖기도 한다. 하지만 FC가 어떻게 하느냐에 따라 고객들의 생각이 달라질 수 있다.

FC는 고객들이 '나는 비록 보험의 혜택을 보지 못하지만, 나의 FC가 여전히 왕성하게 활동하고 있구나! 그리고 많은 사람들이 보험의 혜택을 보고 있구나!' 등의 생각을 하게 하여야 한다. 그래야 고객이 가입한 보험의 가치를 지속적으로 느끼게 될 것이다.

고객에게 가입한 보험의 가치를 지속적으로 느끼게 해줄 수 있는 좋은 방법의 하나는 소식지를 만들어서 고객에게 발송하는 것이다. 소식지는 고객에게 FC의 활동내용뿐 아니라, 상품에 대한 확신을 줄 수 있는 좋은 도구이다.

FC 활동 소식지에 포함되어야 할 중요한 내용은 아래와 같다.

- 그동안 FC가 체결한 신계약의 건수
- 그동안 이벤트를 통해 선물을 받은 고객의 명단과 사진
- 어떤 고객이 어떤 고객을 소개해주었는지
- 고객들의 대소사(결혼, 출산, 이사 등)
- 보험금을 지급한 사례
- 개인 사업자 고객들의 사업장 소개
- 고객으로부터 받은 감사의 말 한마디나 선물
- FC의 결의가 담긴 편지

신계약 건수와 명단 및 사진은 FC의 활동량의 척도가 되는 것이다. 소개에 대한 감사와 명단을 공개하는 것은 소개해주신 분들에 대한 감사도 감사지만, 아직 소개해주지 않은 고객들에게 경각심을 줄 수도 있다.

보험금 지급 사례는 생각보다 보험의 혜택으로 경제적인 도움을 받고 있는 사람이 많음을 알게 해준다.

개인 사업자 고객들의 사업장을 소개해주면, 실제로 매출 증대 효과가 없다 하더라도 사업장의 사장 입장에서 바라보면 FC가 고마울 수밖에 없다.

이러한 소식지는 이미 많은 FC들이 활용하고 있다.

보내는 주기는 1년에 12회에서 1회까지 다양하게 선택해서 진행할 수 있다. 단 한 가지 주의해야 할 점은 지속성이다. 본인의 능력에 맞게 지속할 수 있는 횟수를 정하여 꾸준히 진행해 보길 권한다. 소식지를 꾸준히 보내는 FC치고 실적이 낮은 FC를 본 적이 없다.

: 고객의 상황이 변할 때 새로운 기회가 생긴다

고객의 상황이 변한다는 것은 보험에 대한 니즈가 변한다는 것이다.

가장 쉽게 접할 수 있으며 대표적인 것이 결혼이다.

결혼을 하게 되면 남자는 가장으로서 기존의 보험에서 리모델링을 해야 하며, 여자는 집안의 안정을 위해 장기적으로 집안의 경제적인 포트폴리오를 계획한다.

이러한 고객의 변화에 FC가 얼마나 민첩하고 인상 깊게 대응하느냐에 따라 고객의 보장성 보험과 저축성보험에 대한 리모델링 사업권(?)을 획득하게 된다.

내가 잘 아는 FC는 고객의 결혼식에서 스냅사진을 찍어주는 서비스를 한다고 한다.

또 어떤 FC는 고객이 신혼여행 떠날 때를 대비해 축의금을 달러로 환전해서 간단한 자필카드와 함께 고객의 배우자에게 전달한다. 배우자에게 직접 전달하는 것이 효과가 좋다.

이러한 행동을 통해서 한 가정의 보장에 대한 사업권을 확보하게 될 것이다.

결혼한 고객은 임신을 하고 출산을 하게 된다.

고객에게 자녀가 생긴다는 것은 축하해주어야 할 일일뿐더러 책임이 가중되는 순간이기도 하다. 고객의 출산 소식을 듣고 병원에 방문하면 산모와 친정어머니 그리고 남편이 있다.

똑똑한 FC는 이 기회를 놓치지 않는다. 친정어머니와 산모가 보는 앞에서 아이의 육아에 관련된 정보를 간단히 교육하고 자료를 주면 산모와 친정어머니가 아주 좋아한다. 그리고 장기적인 교육을 위해서 교육자금 준비에 대한 효과적인 장기 저축에 대한 설명을 해주자. 예상치 못한 일이 벌어질지 모른다.

아래는 FC가 고객에게 설명해주어야 하는 간단한 사례이다.

우선 고객의 주거지 근처의 유명한 소아과 정보를 조사해서 알려준다. 아기들은 자주 병치레를 하기 때문에 병원은 필수다. 가능한 유능한 의사가 있는 병원으로 지속적으로 이용이 가능한 병원을 소개하라.

교육적인 측면으로는 신생아 이후 2개월 단위로 아빠가 아기에게 어떤 자극을 지속해서 주어야 하는지 정리한 정보를 주고 믿을 만한 어린이집이나 보육시설을 소개해주어 고객이 고민해야 하는 부분을 덜어주었다.

미래 아이의 모습에 대해 고객과 짧은 대화를 나눠라. 그렇게 나눈 대화가 어린이 교육보험을 가입시키는 콘셉트가 될 것이다.

내가 이런 역할을 하는 것이 고객에게 큰 도움은 되지 않을 수 있다. 이사를 할 수도 있으며, 고객 스스로 좋은 병원과 어린이집 등을 선택할 수 있기 때문이다.

하지만 FC에게 분명히 고마운 마음을 느끼지 않을 수 없다.

고객의 마음을 부드럽게 만든 후 가족에 대한 책임감이 더욱 무거워졌음을 강조해서 가장의 추가보장을 이야기할 수도 있고 장기적으로 자녀의 교육자금 마련을 이야기했다.

이 상황이 되면 친정어머니는 어느새 FC의 편이 되어있다. 그리고 큰 어려움 없이 추가보장과 소개를 얻어낼 수 있다.

여기서 중요한 점은 설명은 남편과 대화하듯이 진행해야 하며 클로징은 친정어머니 혹은 장모에게 해야 한다는 점이다.

아래는 고객에게 전달했던 정보의 사례이다.

You love me, so I can breath.

아빠가 되면 알아야 할 3가지

1. 월령별 장난감과 놀이

월령	아기용품	장난감	놀이
1개월	출산 준비물, 체온계, 유축기, 모유패드, 서랍장, 모기장	모빌, 오르골, 딸랑이	자장가 불러주기 말걸기(매우 중요) 만져주기
2개월	노리개 젖꼭지, 업는 띠, 코 흡입기, 유아복, 슬림기구	손목 발목 딸랑이 오뚜기 딸랑이	업어주기, 아기체조, 소리놀이, 눈동자 움직이기
3개월	유모차, 챙 모자, 앨범 보온병, 분유케이스, 젖병, 젖병비닐 팩, 세척용 솔, 기저귀 가방, 물 티슈	손놀이개, 색상카드, 걸이 완구, 빽빽이	외출하기, 색상놀이, 산책, 음악놀이, 쥐기놀이
4개월	식탁	치아 발육기, 딸랑이 세트	이유식 하기, 딸랑이놀이, 숨박꼭질, 까꿍놀이

You love me, so I can breath.

아빠가 되면 준비 해야 할 3가지

2. ○○지역 소아과 배치도

우리 아기는 수시로 아파요
그래서 현명한 부모는
집 주위에 소아과 위치를
모두 파악하고 있어야 해요
그리고 기본적인 해열제를
구비하고 계셔야 합니다.
열이 나면 다른 생각 하지
마시고 무조건 병원을
방원 하세요.

1. ○○○ 소아과
2. ○○○ 소아과
5. ○○○ 소아과
6. ○○○ 소아과
7. ○○○○○ 소아과

You love me, so I can breath.

아빠가 되면 준비 해야 할 3가지

3. 소중한 아기를 위한 재정적 안전장치

대학 등록금을 준비하는 가정을 지켜보니 4가지 유형
이 있었습니다.
1. 원래 집안이 부유한 가정
2. 자녀 대학 등록금을 위해 대출을 받는 가정
3. 스스로 파트타임 일을 통한 등록금 마련
4. 자녀가 어릴 때 부터 가입한 교육보험으로 마련

한번에 500만원의 등록금을 마련한다는 것은 일반 직장인에게는

출산을 했으니 아기 잘 키우고 아기 교육자금의 부담을 덜기 위해서는 지금부터 적은 금액을 저축해야 함을 전달하고자 함이다. 당연히 이어서 재정적 안전장치인 사망보험금을 증액해야 함을 부각시키는 일도 잊지 말자.

출산 직후에 FC의 이런 민첩한 행동은 엄마의 마음을 흔들어 놓기에 충분하다. 아무리 모성애가 없는 여자도 자신의 아기를 출산함과 동시에 엄청난 모성애가 생기는 것이 사람이기 때문이다.

: 고객의 마음속을 확인하라!

고객이 왜 당신에게 보험에 가입했는지 혹시 물어본 적 있는가?

왜 그 수많은 회사 중에 당신의 회사를 선택했으며 그 많은 FC 중에 당신을 선택했는지 궁금해한 적 없는가?

고객이 당신에게 계약을 한 이유가 당신이 제안한 상품이 너무나 만족스러워서인가?

아니면, 당신의 화려한 말재주에 현혹되어서인가? 아니면 당신의 성실성 때문인가?

만일 고객이 당신에게 보험에 가입한 이유를 안다면 보다 용이한 고객관리가 가능할 것이다.

만일 당신이 고객에게 아래와 같은 질문을 한다면 고객은 어떻게 반응할까?

"저 말고 다른 FC들도 주위에 많았을 텐데 저를 선택해주신 이유가 궁금합니다."

많은 고객이 아래와 같이 두루뭉술한 대답으로 얼버무릴 것이다.

FC의 권유로.

그냥요.

필요하다고 하니까.

하지만 고객이 어떤 마음으로 FC를 선택했는지에 대한 명확한 이유를 안다면 고객별로 구체적인 계획을 세울 수 있다.

좋은 방법의 하나가 고객 대상 설문을 하는 것이다. 고객은 설문이 무기명으로 진행된다고 생각해야 하고 FC는 누구의 설문지인지 알 수 있어야 한다.

우선 SMS로 설문에 대한 안내를 먼저 한 후 즉시 설문지를 배포한다.

설문지뿐 아니라, 고객이 회신할 봉투(봉투 위에는 주소와 우표까지 붙어 있어야 한다.)까지 동봉해서 고객은 설문에 답한 후 우체통에 넣기만 하면 되도록 준비한다.

고객들은 FC 설문요청을 받는다 하더라도 쉽게 응해주지 않는다. 귀찮기도 할뿐더러 해야 하는 이유가 없기 때문이다. 물론, FC는 보나 나은 고객서비스를 위해 한다고 하지만, 고객에게는 전혀 동기부여가 되지 않는다.

따라서 FC는 고객들에게 지속적으로 독려해서 설문을 다 회신할 수 있도록 노력해야 한다.

설문의 내용을 작성할 때 아래와 같은 종류의 질문은 빠뜨려서는 안 된다.

- OOO FC에게 보험 가입한 이유
- 현재 보유하고 있는 보장 외에 추가 보장이 필요한 부분
- OOO FC에게 추가로 원하는 것이 있다면 OOO FC에게 지인을 소개
  해 줄 용의
- 향후 FC에게 원하는 관리 방향

상기와 같은 질문은 고객의 추가 Needs를 확인할 수 있으며 불만이 있을 경우 그 의도적으로 접근하여 그 불만을 해결해줄 수도 있다.

비 오는 날 우산이벤트

일반적으로 우산은 우리에게 큰 고마움을 주는 물건이 아니다. 하지만 비 오는 날 우산은 당연히 있어야 할 필수 아이템이다. 만일 비 오는 날 우산이 없을 때는 돈을 좀 더 주더라도 우산을 구입하고자 하는 것이 사람의 마음이다.

출근길에는 비가 오지 않았지만, 퇴근 시점에 비가 오는 경우들이 있다.

이 같은 상황에서 사람들은 우산을 찾는다. 혹시 자리 구석에 우산이 하나 정도 있기를 기대하며 여기저기 찾아다니다가 직장 동료에게 도움을 요청하기도 한다. 그때 FC가 우산을 가지고 고객을 찾는다면 아마 그 효과는 당신이 상상하는 이상이 될 것이다.

이러한 고객관리는 이미 많은 FC들이 시행하고 있는 고객 서비스이다. 단점은 일부 국한된 고객만 혜택을 볼 수 있다는 것이지만, 그 혜택을 본 고객은 FC의 성의를 결코 무시할 수 없다.

보험의 격언 중 이런 말이 있다.

"은행은 비가 오면 우산을 수거해 가지만, 보험회사는 비가 오면 우산을 나눠 준다."

이 말을 그대로 실천하는 셈이 되는 것이니 고객에게 보험의 가치를 설명하기에도 충분한 기회가 될 수 있다.

돌발 퀴즈

SMS로 가끔 돌발 퀴즈를 보내라.

처음에는 당신이 하는 이벤트에 별 관심을 보이지 않을 것이다. 하지만 이런 이벤트를 지속적으로 하고 누군가 그 이벤트를 통해 선물을 받는다는 사실을 알게 된다면 점점 참여율이 높아지게 된다.

예를 들어,

"주가가 오를 때도 수익이 나며, 내릴 때도 수익이 나는 보험상품은? 선착순 10명!"

이라는 SMS를 고객 전체를 대상으로 보내라. 처음에는 회신율이 낮을지 모르지만, 이런 행위들이 반복되면 많은 고객이 관심을 가지고 참여하게 된다.

이런 돌발 이벤트에서 선물을 줄 때 너무 정직하게 할 필요는 없다. 때로는 전략적으로 도움을 받을 수 있는 고객 위주로 선별해서 줄 때도 필요하다.

고객들은 선물을 받든 그렇지 않든 고객을 위한 당신의 마음을 느낄 것이다.

엑셀을 활용하라

고객과 그날 있었던 대화나 이벤트를 엑셀에 정리하라.

양식이나 형식은 필요 없다. 단 날짜와 이름 내용만 있으면 된다. 엑셀에는 소트(Sort) 기능이 있다. 그 기능만 사용하면 된다.

가령 많은 고객 중 '홍길동'만 소팅하면 홍길동에 대한 정보만 뜨게 된다. 그 정보에는 그동안 홍길동이라는 사람과 어떤 대화를 했는지, 그리고 그의 삶에 어떤 변화가 생겼는지 알 수 있다. 너무나 쉽고 간편한 기능이다. 어떤 사람은 고객관리 챠트를 사용하는 사람도 있는데, 개인적으로 엑셀이 더 쉬운 방법이라 생각한다.

홍길동을 만나러 가기 전에 어떤 말을 했는지 어떤 사건이 있었는지 먼저 훑어보고 만난다면 챠트를 사용하여 만나는 것과 같은 효과가 있을 것이다.

: 피드백이 없는 고객관리는
의미가 없다

앞서 FC에게 있어서 고객관리란, 재구매와 소개 그 이상의 의미는 없다고 서술한 바 있다. 내가 아무리 고객관리를 잘한다 하더라도 고객이 그에 대한 반응을 보이지 않으면 아무런 의미가 없다.

내가 A라는 자극을 줬을 때 A'라는 반응을 보여줘야 FC가 고객 관리하는 데 동기부여가 된다. 선물을 보내도 SMS를 보내도, DM을 보내도 아무런 반응이 없는 고객들은 정말 관리하고 싶은 맛이 나지 않는다.

이것이 심리학에서 말하는 상호성의 원리이다.

상호성의 원리는 내가 하는 만큼 상대방도 반응을 보인다는 원리인데 이 원리가 적용되지 않는 관계는 사실 아무런 의미가 없다.

요구하라, 응할 것이다

강의를 하다 혹은 교육 진행을 하다 보면 당황스러울 정도의 요구를 받게 된다.

가장 많은 요구는 진행실에 찾아와 자기도 책 선물을 받고 싶다는 요구이다. 책 선물은 교육에 적극 참여하는 사람들에게 주는 시상품이다. 이 시상품을 그냥 달라고 요구하는 것은 일반적으로 생각도 못 하는 일이다.

하지만 난 그때마다 책을 줬다. 그리고 이 말을 꼭 해주었다.

"고객들을 만날 때에도 원하는 것이 있으면 지금처럼 꼭 요구하세요. 그럼 제가 책을 드리듯이 고객은 요구를 들어주기 위해 노력할 것입니다."

내가 직접 목격한 놀라운 사례를 잠깐 언급하고자 한다.

한 FC가 시장의 고갈 때문에 어려움을 겪고 있었던 상황이었다. 그 FC에게 선배 FC가 어떻게 소개를 받는지 직접 시범을 보이는데, 너무나 놀라우면서 자연스러운 소개를 받기였다.

그가 했던 말을 그대로 옮겨보면 아래와 같다.

"OO 고객님 안녕하세요, 잘 지내셨지요? 참 오랜만에 전화 드리는 것 같습니다. 그동안 연락도 자주 못 드리고 관심도 못 가져 대단히 죄송합니다. 그래서 조그마한 선물을 준비했는데, 주소가 아직 그대로지요? 제가 대전에 내려갈 여유가 없어 선물만 먼저 보내드립니다. 그런데 OO 고객님, 세상에 공짜 없는 것 알고 계시지요? 3명만 소개해주세요."

조금도 더한 것 없고 뺀 것 없이 딱 위와 같이 말했다. 그리고 잠시 후 그 FC는 노트에 3명의 명단과 연락처, 근무지 등을 적고 있었다.

물론, 모든 고객이 이렇게 반응하지는 않을 것이다. 어느 정도 친분과 신뢰가 형성되어야 원하는 반응을 이끌어낼 수 있다.

이처럼 경우에 따라서는 노골적으로 요구하는 것도 좋은 방법일 수 있다. 조용히 선물이나 편지를 보내놓고 그들이 반응을 보일 때까지 전전긍긍하다 아무런 성과 없이 시간과 에너지를 낭비하는 것보다는 훨씬 좋다.

: 당신이 벌어들이는 수입은
고객에게 제공하는 서비스의 기준이다

돈이라는 것은 내가 아는 것 중에 가장 겸손한 존재이다.

돈은 결코 사람보다 앞서 가는 경우가 없다. 언제나 사람 뒤에 따라온다. 너무나 명확한 진리이다. 이 진리를 깨닫지 못한 자는 아직도 돈을 좇는다. 이런 사람은 절대로 돈을 못 번다. 돈은 사람 앞에 절대로 존재하지 않으니 돈을 못 벌 수밖에 없는 것이다.

하지만 열심히 한자리에서 일하다 보면 돈은 자연스럽게 따라온다는 말도 그리 현실성 있어 보이지 않는다. 돈은 좇는다고 벌리는 것이 아니며, 그렇다고 묵묵히 일한다고 해서도 돈이 오는 것은 아니다. 우선 돈이 당신을 따르게 하기 위해서는 먼저 사람이 당신을 따르고 좋아하게 만들어야 한다.

가끔씩 교육생들에게 이런 질문을 한다.

"사람과 일 사이에서 돈이 생기나요? 아니면 사람과 사람 사이에서 돈이 생기나요?"

교육생들은 단 한 번도 사람과 일 사이에서 돈이 생긴다고 대답한 적이 없다.

최근 기업 이미지 광고만 보더라도 '사람이 우선이다', '사람, 사랑' 등의 말을 많이 사용한다. 그만큼 내 주위에 어떤 사람이 있느냐에 따라 나에게 많은 영향을 미치게 된다는 것을 모두가 알고 있다.

자수성가한 백만장자 브라이언트 트레이시는 돈에 관한 기준을 서비스의 기준과 동일하다는 말을 한 적이 있다. 고객에게 제공하는 서비스의 양과 질이 당신 수입의 양과 질을 결정한다는 말이다. 지금 수입이 많으면 당신은 고객에게 많은 서비스를 제공해주고 있다는 말이며 만일 당신의 수입이 적으면 고객에게 서비스를 조금밖에 해주지 않음을 의미한다.

보험은 비싼 상품이다. 비싼 물건을 팔았으면 제대로 관리하자

종신보험 월납 100,000원짜리 계약을 20년 납으로 계약했다고 가정을 해보자. 총 2,400만 원짜리 보험을 20년 할부로 구매한 것이다. 이 얼마나 비싼 상품인가? 더군다나 눈에 보이지도 않는다. 그래서 보험은 판매하기가 어려운 상품이다.

2,400만 원이다. 2,400만 원이면 중형차 한 대 가격이다. 가령 당신이 신차를 구매했다면 그 구매의 이유와 동기가 무엇이겠는가?

아마 당신은 새로 구매한 차가 마치 현재 당신의 경제적인 능력을 대변해주는 것처럼 느끼며 당신이 차에서 내릴 때 많은 사람이 당신의 새 차에 관심을 가져주길 바랄 것이다.

자동차라는 것은 당신에게 단순한 이동수단을 떠나 당신의 경제적인 능력을 판단하는 척도가 될 수 있으며 경우에 따라서는 자존심이 되기도 하기 때문이다.

하지만 보험은 눈에는 보이지 않는다. 그리고 사람들이 알아주지도 않는다. 그래서 고객은 그 비싼 보험을 구매했더라도 외로울 수밖에 없는 것이다.

고객이 가입한 보험상품의 가치는 FC가 가장 잘 알고 있다. FC는 고객에게 지속적인 서비스를 통해 보험상품의 만족도를 끌어올리거나 유지시켜야 FC에게 소개 및 추가계약을 한다.

: 고객이 공부하게 하라
(파레토의 법칙)

이탈리아의 파레토라는 학자가 이탈리아의 부동산을 조사하다 한 가지 사실을 발견했다. 이탈리아의 부동산은 상위 20%의 사람들이 80%의 부동산을 소유하고 있다는 사실이었다. 이것을 소위 파레토의 법칙이라 하며 8:2 법칙이라고도 한다.

당신의 주방에서는 일부(20%)의 그릇과 접시를 주로(80% 이상) 사용하고 나머지 대다수(80%)의 그릇과 접시는 가끔(20% 이하) 사용하고 있을 것이다. 아이들의 장난감을 보라. 주로 가지고 노는 장난감 20%를 80% 이상 가지고 놀고 있으며, 당신이 주로 입는 옷 20%를 80% 이상 즐겨 입고 있다.

직장에서도 신입사원 20%만 회사에서 중추적인 역할을 하고 있으며 80% 이상의 수익을 내고 있다. 우리 주위에 일어나는 대부분의 현상이 이 파레토의 법칙을 벗어나지 못한다.

보험에 파레토의 법칙을 적용해 보면 아래와 같이 설명이 가능하다.

목표로 하는 연금의 수익은 마지막 20%의 거치기간에 80% 이상의 수익을 낸다. 바로 눈덩이 효과이다. 보험 영업인의 20%가 80% 이상의 신계약을 체결하고 있다.

정말 재미있는 법칙이 아닐 수 없다.

FC 개인으로 국한해보면 FC가 벌어들이는 수입의 80%를 20%의 고객이 결정한다. 만일 당신의 수입을 지금보다 더 늘리고 싶다는 생각을 하고 있으면, 이 20%의 고객을 관리하라.

1. 20%의 고객 충성도를 끌어올리는 방법(고객관리)
2. 20%의 질적 향상을 모색하는 방법(시장 전환)
3. 20%를 30~50%로 늘리는 방법(활동량)

이 3가지 방법 이외에 또 다른 방법이 있는가?

당신이 가장 많이 사용하고 있는 금융상품은 무엇인가? 아마 급여계좌나 주식계좌가 아닌가 생각한다.

만일 보험 상품을 주로 사용한다면 고객의 건강이나 재정상태가 좋지 않음을 의미할 것이다.

보험이라는 것은 그 특성상 절대로 자주 사용되는 금융상품이 아니다. 따라서 파레토의 법칙에 비유한다면 사용하지 않는 80%에 해당한다. 그래서 보험 증권은 장롱이나 책꽂이 깊숙한 곳에 비치되어 있으며 특별한 일이 없으면 1년 365일 내내 먼지만 쌓일 것이다.

만일, 고객들이 보험증권을 계속 볼 수 있게 하는 방법이 있다면 고객은 보험의 '보' 자만 들어도 당신을 생각하게 될 것이다.

고객이 보험 증권을 공부하게 하는 방법 중 하나를 사례로 들어보면 아래와 같다.

우선 SMS 및 편지(DM)로 홍보하라. 불시에 전화를 걸거나 방문을 해서 가입한 보험에 관한 질문을 하여 올바른 답을 하면 소정의 선물을 증정한다고 홍보하라. 상품은 문화 상품권이나 영화관람권 정도면 충분하다.

– 홍보 내용 –

"고객님 제가 끝까지 고객님과 함께하면 좋겠지만, 제 의지와 상관없이 회사를 그만두게 되거나 건강이 나빠져서 함께 할 수 없을 수가 있을 것입니다. 그때를 대비해서 고객님께서 가입하신 보장의 내용을 잘 알도록 도와 드려 적어도 몰라서 보장을 못 받는 일은 없어야 하기에 가끔 만나서 혹은 전화로 고객님께 실례를 무릅 쓰고라도 간단한 질문을 드리겠습니다."

하루에 5명씩 전화를 하거나 2~3명씩 기존 고객에게 방문을 할 때 꼭 물어본다. 물론 질문 전에 사전 홍보에 관해 이야기하고 테이블 위에 상품권을 올려놓은 다음 질문을 하는 것을 잊지 말라.

"고객님께서 만일 암 진단을 받았을 때 진단금이 얼마 나오는지 아세요?"라고 질문을 하면 대부분 정확한 금액을 잘 모른다. 그럼 상품권을 다시 가방에 넣고 다음에 또 불시에 방문하거나 전화를 해서 질문을 하겠다라고 말한다. 고객 입장에서는 아쉬울 수밖에 없다. 정에 끌려서는 안 된다. 다음에 맞출 테니 상품권을 달라고 하는 고객들이 많이 있다. 절대로 그냥 주어서는 안 되며 3일 후 전화하겠다고 이야기하고 정확하게 3일 후에 전화를 한다.

고객은 그것에 대비하기 위해 보험 증권을 볼 수밖에 없다. 하지만 같은 질문을 하지 않는다.

"고객님께서 치질 때문에 7일을 입원하고 수술을 받았을 경우 보험지급금이 얼마나 되느냐?"라는 질문을 하면 고객은 또 못 맞춘다. 그리고 또 다음을 기약한다. 하지만 3번째 정도에는 고객이 맞출 수 있는 질문을 하라. 이 이벤트는 고객이 자신의 증권을 자주 보게 함으로써 자신의 보장을 정확히 이해함에 있지 고객을 약 올리는 데 있지 않기 때문이다.

이러한 이벤트를 지속해서 반복적으로 하게 된다면, 고객들은 자신의 증권을 자주 볼 수밖에 없다. 이것이 자주 사용하지 않는 80%의 금융상품인 보험을 자주 사용하는 20%의 금융상품으로 바꾸어 주는 좋은 방법이다.

이 방법을 사용한 고객은 자연스럽게 보장에 대한 지식을 가지게 되며 때로는 FC의 키맨이 되기도 한다. 이 외에도 다양한 방법이 있을 것이다. FC로서의 성공을 원한다면 고객이 보험증권을 자주 꺼내 볼 수 있도록 유도하라.

💼 소개만이 살길이다

: 소개 VS 청약

FC가 소개를 못 받는다는 말은 FC가 곧 그만둘 것이라는 말과 같다고 해도 과언이 아니다. 이 책의 초반에서 "청약서에 소개를 못 받아온 청약서는 접수해주지 않는다."라고 말하는 SM(Sales Manager)은 극히 드물다고 언급한 바 있다.

강의 중에 가끔 "청약이 중요합니까? 소개를 받는 것이 중요합니까?"라는 질문을 한다.

가끔 청약이 더 중요하다고 장난스럽게 말하기도 하지만, 10중 8에서 9명이 소개가 더 중요하다는 말을 한다.

하지만 현실은 소개를 받기 위해 하는 노력보다는 청약을 위한 노력을 더 많이 하고 있다. 소개가 더 중요하다는 것을 머리로는 아는데, 당장 청약이 급하니 어쩔 수 없는 현상이라고 해도 이것은 모순이다.

소개가 더 중요하다면, 소개를 받기 위한 노력을 더 많이 해야 한다. 소개를 받기 위해 투자하는 시간이 더 많아야 한다.

급한 것이 중요한 것처럼 느껴지기도 한다. 물론 청약은 중요한 것이다. 이것보다 더 중요한 것은 소개이다. FC가 처음 일을 시작할 때는 소개에 대한 긴박함을 느끼지 않는다. 하지만 긴박감을 느끼기 시작하면 이미 늦은 것이다. 그래서 소개에 대한 노력을 처음부터 게을리해서는 안 된다.

청약을 못하는 FC는 실적이 적지만, 소개를 못 받는 FC는 일을 그만둬야 한다.

"계약을 못하는 FC는 용서할 수 있지만, 소개를 못 받는 FC는 용서할 수 없다." 보험영업의 계명을 따라 항상 소개를 받아야 한다는 마음을 지니고 있어야 한다.

FC는 만나는 모든 사람으로 하여금 자신이 소개를 바탕으로 영업하고 있음을 밝혀야 한다. 즉 지인을 만나서 잠깐 대화를 할 때도 아래와 같은 말을 습관처럼 하도록 하자.

"내 친구 OO이 형도 잘 알지요? 그 형이 이번에 어떤 고객님을 소개해줘서 정말이지 너무나 감사했어요. 그리고 그 고객님과의 만

남이 아주 기억에 남습니다. 조만간 그 친구에게 감사인사 하러 가
야 할 것 같아요."

물론, 노골적으로 소개를 해달라고 하는 뉘앙스를 줘서는 안 된다.
내 주위에 모든 사람이 내가 일을 열심히 잘할 수 있도록 돕고 있다
는 느낌을 무의식적으로 주는 것이 중요하다.
그리고 소개받은 고객을 만날 때도 아래와 같이 인사하는 습관을
들이자.

"안녕하세요, OOO 고객님? 이번에 XXX 고객님으로부터 소개
를 받고 찾아뵙게 된 OO FC입니다. 이렇게 만나 뵙게 되어 정말
반갑습니다. 사실 △△△ 고객님도 제 친구로부터 소개를 받아 저
와 인연을 맺게 되었습니다."

이렇게 많은 사람이 나에게 소개를 많이 해주고 있으며, 당신도 나
에게 소개를 해줘야 함을 이야기하고 있다. 앞으로 당신이 만나는 모
든 사람에게 소개에 대한 중요성을 전달해야 한다.

: 소개에도 목표를 세워라

현장에서 일하고 있는 FC들의 주간 목표를 보면 개인별로 약간의 차이가 있기는 하지만, 대부분 자신의 목표에 계약 건수 및 월납 보험료 금액의 목표는 적혀 있어도 소개에 대한 목표가 적혀있는 것을 보기가 어렵다. 간혹 적혀있더라도 소개 10건 등의 추상적인 수치로 적혀 있을 뿐 구체적으로 누구에게 몇 명을, 어떻게, 언제 소개를 요청해야겠다는 계획을 세우지 않더라는 것이다. 물론, 그렇게 세운다고 해서 소개가 나오지 않는다. 하지만 그 목표마저 없다면 소개는 항상 숙제로만 남아 있을 것이며 당신의 Pool list는 점점 고갈되어 갈 것이다.

이는 목표를 설정하는 세션에서 좀 더 자세히 다뤄질 것이다.

: 소개 수첩

또 다른 FC는 소개 수첩을 가지고 다닌다. 소개를 요청할 때 그 소개 수첩을 보여주며,

"고객님께서 351번째 소개를 해주시는 것입니다."라고 말하면 고객 입장에서 '누구나 저렇게 소개를 해주고 있구나.'라고 인식을 하고 소개에 대한 부담감을 들어준다.

이제 당신 차례이다. 누구든 좋다. 당신의 기존 고객들을 선정하고 그들에게 몇 명의 소개를 받고자 하는지 계획을 세워라. 적어도 당신이 목표로 한 계약건수보다는 많아야 할 것이다.

: 비상연락 체제

어떤 방법을 써도 소개를 못 받는 FC를 위해 정말 효과 있는 방법 중 한 가지를 안내하고자 한다. 이 방법은 대화 형식으로 서술하는 것이 효과적이라 대화 형식을 빌어 소개한다.

FC : 안녕하세요. 고객님! 참 오랜만에 찾아뵙는 것 같습니다.
고객 : 네, 그러네요.
FC : 제가 이렇게 갑자기 고객님을 찾아뵙고자 한 것은 사실 얼마

전에 제가 겪은 사건 때문입니다.

고객 : 무슨 사건이지요?

FC : 얼마 전에 제 고객님께서 사고로 인해 입원을 하셨는데 얼마
　　 나 정신이 없으신지 사고 사실을 알고 있는 지인이 없었습니
　　 다. 그래서 보험을 하고 있는 내가 고객님들의 비상 연락망이
　　 되어야겠다고 생각했습니다.

고객 : 그래요?

FC : 고객님께서 무슨 일을 당했을 때 이 사람만큼은 꼭 알아야
　　 한다고 생각하시는 분 3분만 저에게 알려 주시면 제가 대신
　　 연락을 해서 고객님을 찾아뵙도록 도와드리겠습니다.

고객 : 저는 괜찮은데요.

FC : 제가 하는 일입니다. 전 고객을 대상으로 시행하는 서비스라
　　 3명 이상은 저도 좀 부담스럽습니다. 그러니 딱 3명만 적어주
　　 셔야 합니다.

고객들은 바보가 아니다. 눈치 빠른 고객들은 이미 FC의 의도를 파악하고 거부하는 사람들이 있을 수 있지만, 적어줄 확률이 30%만 되도 충분히 시도해볼 만한 일이다. 이후 후속조치가 더 중요하다.

이런 경우 만남을 약속하기가 여간 조심스러운 일이 아닐 수 없다. 왜냐하면, 이 사람들은 소개를 받은 것이 아니라 비상연락망으로

활용돼야 할 사람이기 때문이다. 따라서 이 사람들에게는 만남을 약속하는 것이 아니라, 당신이 OO 고객을 관리하는 FC이며 OO 고객에게 긴급한 일이 생기면 내가 연락할 것이라는 말만 전하고 더 이상의 말을 하지 말아야 한다. 그 사람들은 당신의 고객관리 시스템에 녹아들어 당신의 SMS와 편지를 주기적으로 받음으로써 그들 스스로 당신에게 접근할 때까지 기다려야 한다.

| 샘플 |

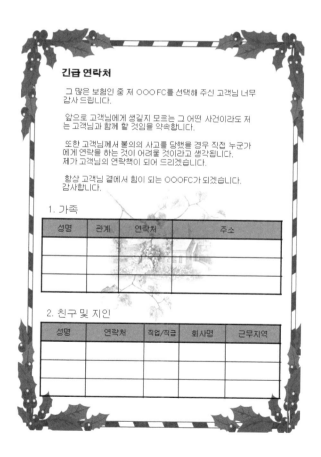

이런 일이 일어나지도 않을 것이며 일어나서도 안 될 일이다.

만일 당신의 고객과 그 고객의 배우자가 동시에 불의의 사고로 인해 사망한다면, 그리고 당신이 마음을 다해 가입시킨 보험 상품을 통해 지급 받은 보험금이 당신 고객의 자녀를 위해 쓰이지 않는다면…, 당신은 고객을 위해 무엇을 할 수 있을까?

보험이라는 것은 만약을 위해 존재하는 것이다.

만일 위와 같은 상황이 벌어진다면 당신은 고객을 위해 보험을 가입시킨 것이 아니다. 왜냐하면, 그 보험금이 고객의 자녀를 위해 쓰여지지 않았기 때문이다.

정말 고객을 위한다면 지금 당장 만일 부부가 동시에 불의의 사고를 당했을 때를 대비해서 보험금을 지킬 장치를 마련해 놓도록 해야 한다.

후견인 지정을 하라

고객을 만나 하는 RP는 아래와 같다.

"고객님 이번에 정말 가슴 아픈 이야기를 들었습니다. 30대 후반 부부가 있었답니다. 그 부부에게는 자녀가 2명 있었답니다. 얼마 전에 OOO에 부부 모임이 있어 자녀를 처가에 맡겨놓고 모임을 다녀오다 마주 오는 덤프트럭과 정면 충돌하여 그 자리에서 사망하셨답니다. 그것만으로도 충분히 가슴 아픈 일인데 그것보다 더 아픈 일은 그 후에 일어났습니다. 그 부부에게 보험회사에서 사망보험금 5억을 지급했다고 합니다. 그러나 자녀가 너무 어려 자녀 대신 고객의 친형이 대리 수령을 했답니다. 그 형이 그 소중한 돈을…. 아직 열심히 공부하고 성장해야 하는 고객의 자녀를 위해 쓰여야 할 그 돈을 자신의 빚 정리하는 데 써버렸답니다. 저는 그 이야기를 듣고 우리 고객에게는 절대로 그런 일이 있으면 안 된다는 생각을 했기에 이렇게 찾아뵙게 되었습니다."

위의 RP는 하나의 사례일 뿐 사실도 아니며, 정답도 아니다. 또한, 후견인을 지정한다고 해서 그것이 법적 효과가 있지는 않는다. 물론, 공증을 받아놓으면 또 이야기가 달라질 수도 있을 것이다.

만일 고객이 공감하게 되면 FC는 즉시 후견인을 정하자는 제안을 하고 후견인 지정서를 작성한다. 이 모든 행위는 전적으로 고객을 위한 행위임을 고객이 느껴야 한다.

후견인 지정서

○○○ 생명보험에 계약한 (홍길동), (박미미)은(는) 부부가 동시에 사망하고 자녀가 모두 미성년인 경우, 보험금 전액을 후견인인 (홍미진)에게 지급하며 그 후견인은 미성년이었던 첫 번째 자녀가 성년이 되는 시점에 보험금 전액을 그 첫째 자녀에게 전액 지급할 것을 결정한다.

계약자: 홍길동　서명
박미미　서명

후견인: 홍미진　서명

이렇게 작성을 하고 고객은 서명 후 이 후견인 지정서를 천천히 읽게 한다. FC는 스마트폰을 활용하여 동영상으로 촬영하고 CD로 만들어 배우자에게 전달하며 이때 배우자의 서명도 같이 받게 된다.

FC는 배우자의 서명을 받을 때 고객이 왜 이 보험에 가입했는지, 그리고 가족을 얼마나 사랑하는지 그리고 사랑하는 가족을 위해 선택한 가장 존엄한 보험이라 강조하며 AP를 진행한다. 이때 배우자는 동영상으로 남편의 영상과 육성을 듣고 서명을 함으로써 보험에 대한 인식을 바꾸는 좋은 계기로 삼을 수 있다.

FC는 자연스럽게 고객의 배우자를 만날 수 있으며 너무나 자연스러운 AP와 보험에 대한 가치를 전달할 수 있게 되는 것이다.

또한, 후견인으로 지정된 사람도 같은 방법으로 만날 수 있으며, 그 사람 역시 나의 좋은 가망고객이 될 수도 있으며, 좀 더 나아가 후견인의 보장 내용을 점검해 줄 수 있는 계기가 되기도 한다. 가령,

"홍미진님께서도 이렇게 후견인을 지정해 두시는 것이 좋지 않을까요? 만일 원하신다면 수익자가 어떻게 구성되어 있는지 확인해 드리겠습니다."

라는 짧은 말로 고객의 증권을 볼 수도 있다.

: 소개받은 사람은 지속적으로 관리하라

소개를 받아서 보험에 대한 대화를 한 후에 고객이 반응을 보이지 않거나 그 당시 계약을 하지 않은 사람들이 많이 있을 것이다. 더 정

확하게 말하면 계약하는 사람보다 하지 않은 사람이 훨씬 더 많을 것이다.

당연한 일이다. 하지만 나의 고객이 되지 않았더라도 그 사람들은 나의 고객관리 시스템 속에 녹여 지속적으로 관리해야 한다. 깔때기형 FC는 계속해서 자신의 깔때기 위에 고객을 올려놓는 작업을 하는 FC라고 말한 바 있다.

그렇게 계속 올려서 주기적으로 FC가 주는 편지와 SMS를 받으면 머지않아 FC의 고객이 될 것이라 확신한다.

몇 명을 소개받는 것이 이상적일까?

강의 중 FC들에게 소개에 대해 문답을 했던 내용이다.

나(강사) : 고객 한 명당 몇 명의 고객을 소개받으면 될까요?
FC(교육생) : 3명~5명이면 만족합니다.

나(강사) : 여러분도 예전에는 누군가의 고객이었을 텐데, 담당 FC
에게 소개해준 경험이 있는 사람 손들어보세요!
FC(교육생) : (거의 손을 들지 않음)

나(강사) : 혹시 왜 소개를 해주지 않으셨나요??

FC(교육생) : 소개를 해달라고 안 하던데요. (일부는) 소개해줄 사람이 없어서요.

나(강사) : 만일 FC들이 소개를 요청했다면 소개를 해줄 수 있었던 사람 손들어 보세요!

FC(교육생) : (일부는 손을 들고 일부는 손을 들지 않음)

나(강사) : 손들지 않는 사람은 소개해줄 사람이 없어서 손을 들지 않았습니까?

FC(교육생) : 네!!

나(강사) : 마지막으로 질문을 드리겠습니다. 소개해줄 사람이 없었던 사람은 현재 가망고객 풀 리스트에 몇 명 적으셨나요?

FC(교육생) : 100명 적었는데요?

나(강사) : 그중에 FC님이 영업을 한다는 이유 하나만으로 FC님께 보험을 가입할 사람은 몇 명정도 되나요?

FC(교육생) : 적어도 10명은 넘을 것 같은데요.

소개해 줄 사람이 분명히 없다고 했음에도, 본인의 영향력으로 10명의 계약에 자신하고 있었다.

소개받을 때 FC의 자세는 이러해야 한다. '고객이 만일 보험 영업을 한다면…'이라는 생각이 있다면, 한두 명 소개받았다고 만족하지는 말아야 한다.

청약서에 서명을 받았다고 나오지 말자

그렇지 않길 바라지만, 고객이 청약서에 서명하면 혹시 마음을 바꿀까 봐 뒤도 안 돌아보고 도망치듯 나오는 사람들이 있다.

고객이 청약서에 서명한 후, 서류가방에 넣고 약간의 대화를 더 나눈 후 헤어져야 한다.

일반적으로 가족에 관한 이야기를 추천한다.

"보험에 가입하면 배우자께서는 어떻게 생각할까요?"

"자녀에게 아빠가 이런 마음에 보험에 가입했다 하고 돌아가셔서 대화를 나눠보시는 것은 어떨까요?"

"동생이나 형이 미래의 금융위기에 대해 준비를 하고 있지 않는다면 고객님 입장으로 무엇을 도와드릴 수 있을까요?"

위와 같은 내용의 대화는 고객으로부터 소개를 받을 수 있는 정보를 얻을 수 있으며 경우에 따라서 그 자리에서 소개로 이어질 수도 있다.

💼 개척활동

: 개척은 FC에게 독인가? 약인가?

보험 영업에 있어 가장 좋은 방법은 소개에 소개를 통해 지속적으로 가망고객을 늘려나가는 방법임은 의심할 여지조차 없다. 하지만 나는 정말 소개를 못 받겠다라고 하는 사람을 위해 개척에 대한 필자의 생각과 방법을 제시하고자 한다.

과연 개척은 FC에게 독이 될 것인가? 약이 될 것인가?
나는 100% FC에게 약이 될 것이라고 생각하고, 그 약 중에서도 만병을 고칠 수 있는 만병통치약이라 생각한다.
이 의견에 반대하는 사람들도 많다. 그것도 인정한다.
개척은 하는 사람이 어떤 태도로 하느냐 어떤 방법으로 하느냐가 약이 될 수도 있고 독이 될 수도 있기 때문이다.

개척의 장점은 시장이 무한하다는 것과 내가 소개로 접근할 수 없는 사람을 만날 수 있다는 점에 있다. 하지만 단점은 장점이 이루어질 확률이 매우 희박하다는 데 있다.

그러니 이 이율배반적인 특성이 있는 방법을 놓고 많은 찬반이 오고 가는 것이다.

개척의 이런 특징 때문에 개척에 대한 전설과 같은 이야기가 난무한다. 가령 예를 들면 한 FC가 고객과의 미팅이 취소되어 근처 병원이나 돌입 방문했는데 마치 원장이 기다리고 있었다는 듯 흔쾌히 그 FC를 맞아주었으며 계약도 하더라는 이야기다. 물론 사실일 수 있고 거짓일 수 있다. 많은 보험 영업인들이 그 원장을 만나러 갔을 것이고, 마침 너무 운이 좋았던 그 FC는 하늘이 주신 타이밍에 그 원장을 만났을 수도 있다. 이러한 전설 같은 이야기 때문에 아직도 개척에 대한 이미지가 그렇게 굳어지고 있는 것이다.

하지만 우발적인 개척은 절대로 성공할 수 없으며, 그나마 있던 멘탈도 무너진다. 이런 식으로 개척을 경험했거나 이해하고 있는 사람은 개척을 독이라 부른다.

하지만 신인 FC라면 일을 시작할 때 반드시 개척을 병행하라! 개척은 빠른 결과를 만들지 못하지만, 소개나 지인 시장에서 고전하는 시기에 FC에게 새로운 가능성을 열어준다.

개척을 처음부터 천천히 계획적으로 준비하고 실천에 옮기는 사람에게는 더없이 좋은 명약이 된다. 그렇다면 개척에 대한 종류와 방법을 하나씩 알아보자.

개척의 종류

개척은 아무런 연고가 없는 곳에서 나만의 시장을 형성하는 것이라 말할 수 있다.

그러니 개척은 단순히 돌입 방문이나 콜드 콜을 돌리는 방법 외에도 하나의 고객을 중심으로 진행하는 거점 개척, 불특정 다수를 대상으로 하는 세미나, 또한 동호회 활동까지 모두 개척이라 할 수 있다.

우선 돌입방문은 개척의 가장 대표적인 방법으로 사전 예고 없이 방문하는 방법이다. 대부분 제대로 된 면담조차 하지 못하고 쫓겨난다. 하지만 이 방법이 가장 대표적인 방법인 이유가 그래도 가장 시도하기 쉬운 방법이기 때문이다.

두 번째 콜드 콜이라는 방법은 각종 연명부(의사 연명부, 약사 연명부, 동문회 연명부 등)를 펴 놓고 순서대로 한 명씩 전화를 돌리는 방법이다.

여기서 주의할 점은 기준을 정해 기준에 따라 순서대로 전화해야 하는 것이다. 연명부에서 전화할 사람을 골라서는 절대로 안 된다. 그럼 전화할 사람이 없어지며 몇 명 전화해보다 포기해 버리게 된다. 가벼운 마음으로 전화하라. 순서대로 전화하면 당연히 상대방은 전화를 거부하거나 일방적으로 끊어버릴 것이다. 그럼 담담하게 그다음 사람에게 전화를 하라. 100명에게 전화를 하고, 안 되면 200명에게 전화를 하고, 그래도 안 되면 300명에게 전화를 하라. 하면서 느끼게 될 것이다. 전화가 거듭되고 거절이 거듭될수록 당신의 말솜씨가 조금씩 늘어가고 있다는 사실을…

세 번째는 거점 개척이다.

본 방법은 기존 고객을 중심으로 그 고객을 개인적으로 알고 있을 만한, 그리고 그 고객이 자주 이용할 만한 상점, 혹은 식당, 미용실 등에 방문해서 영업하는 방법이다.

방문할 때 인사는 아래와 같다.

"안녕하세요? 저는 이 앞집 세탁소 OOO 사장님을 고객으로 모시고 있는 재정 컨설턴트 OOO입니다. 제가 OOO 사장님을 방문할 때마다 창을 통해 사장님께서 열심히 일하시는 모습을 보곤 합니다. 오늘도 어김없이 열심히 사시는 사장님을 뵙게 되어 무례인 줄 알지만 이렇게 인사드립니다."

위와 같이 말하고 명함을 건넨다. 그 행동 이후에 그 고객은 FC의 가망고객 리스트에 올라가게 되며 적극적인 관리를 받게 될 것이다.

마지막으로 단체 시장을 대상으로 하는 세미나와 동호회 시장이다.

세미나는 세미나 그 자체보다는 이후 진행되는 후속조치가 훨씬 더 중요하다. 많은 FC들이 세미나에 관한 강의를 듣고 나면 그 세미나 자료를 원한다.

그들이 몰라서 그런 것이라 생각한다. 세미나를 한 이후에 고객에게 상품을 판매하는 것이 아니라 한 명 한 명에게 미니세미나를 다시 해줘서 수준 높은 컨설팅을 받았다는 느낌이 들도록 해줘야 한다.

마지막으로, 동호회 시장에서 성과를 내기 위한 방법은 내가 아는 한 2가지밖에 없다.

하나는 그 동호회에서 독보적인 실력자가 되는 것이며 두 번째는 헌신적인 봉사활동이다. 참고로 인터넷 활동을 열심히 해주는 것도 좋은 봉사일 수 있다. 시간적인 한계와 장소적인 한계를 극복할 수 있는 좋은 방법이기 때문이다. 예를 들어, 좋은 시와 좋은 글, 동영상 등을 독특하고 주기적으로 올려주면 동호회에서 FC의 이미지를 잘 심어줄 수 있을 것이다.

이처럼 개척에는 다양한 방법들이 있지만, 이 책에서는 개척의 꽃인 돌입방문을 기준으로 설명하도록 하겠다.

개척의 원리 1_ 에펠탑 효과

개척의 원리라고 말하기는 좀 부끄럽다.

하지만 이 심리적 변화를 개척에 대입시키면 개척을 하는 혹은 준비하는 사람에게 조금이나마 도움이 될 수 있을 것으로 생각한다. 실제로 이 강의를 들은 많은 FC가 개척에 대한 생각이 아주 긍정적으로 그리고 할 수 있다는 마음으로 변했다.

에펠탑 효과(Eiffel Tower Effect)

프랑스 혁명 100주년을 기념하기 위해, 그리고 프랑스의 철강산업의 위엄을 과시하기 위해 프랑스 파리에 철탑 구조물을 세우는 계획을 세웠다. 당시 기술적으로나 상징적으로 큰 의미가 있었지만, 파리 시민들은 결사반대를 했다. 이유는 철탑 구조물이 도시의 미관과 어울리지 않을 것이며 마치 괴물 같은 느낌을 주기 때문이었다.

반발이 너무 거세지자 정부는 20년 후 철거를 약속하고 시공을 했다. 20년이 지나 철거를 하고자 했으나, 에펠탑은 이미 군사 통신 시설이라는 중요한 기능을 수행하고 있었기 때문에 철거할 수 없었다.

지금은 프랑스를 여행하는 사람에게 에펠탑은 반드시 들려야 하는 명소가 되었으며, 기념품도 에펠탑을 본떠서 만든 것들이 대부분일 정도이다.

결국, 프랑스 시민들은 본인의 의지와 상관없이 그 에펠탑을 지속적으로, 그리고 반복적으로 보게 되면서 에펠탑은 프랑스의 명물이 되었고 파리의 자랑이 되었다.

이 현상을 심리학자들은 단순 반복 노출 효과라고 부르며 에펠탑에서 유래되었다 해서 에펠탑 효과라고 한다.

정상적인 사람이라면, 세일즈맨이 방문했을 때 거부하는 것은 너무나 당연한 일이다.

당연히 문전 박대를 당하기도 하며 때로는 마음의 상처를 입기도 한다.

만일, 오래전부터 기다리고 있었던 것처럼 세일즈맨을 반기거나 좋은 대접을 하는 고객들은 비정상적인 고객이다. 비정상적인 고객은 가끔 영화 속에 나오는 사이코패스일 수도 있고, 역선택자이거나 다른 꿍꿍이가 있을 수 있으니 비정상적인 고객을 조심해야 한다.

정상적인 FC라면, 그리고 정상적인 고객이라면 거절부터 시작하는 것이 맞다. 처음에는 거절과 상처로 시작하지만, 지속적 반복적으로 FC가 고객에게 다가가면, 결국 고객은 FC를 더 이상 거부하지 못하게 된다.

불쾌감이 점점 호감으로, 불편함이 편안함으로, 짜증이 성실로 바뀌는 것이 에펠탑 효과이며 이 효과가 바로 돌입방문 개척에 적용되는 첫 번째 원리이다.

개척의 원리 2_ 심리 변화 단계

두 번째 원리는 돌입방문을 하는 FC를 대하는 고객들의 심리 변화 단계이다.

이 심리 변화 단계는 FC들이 개척을 하면서 '왜 안될까?'라는 의문을 벗어 버리고 '아! 지금은 이 단계에 있구나!'라고 생각할 수 있도록 사고의 전환을 목표로 한다.

임종을 앞둔 환자라든지 본인이 원치 않는 상황에 갑자기 처하게 되면 대부분 사람은 아래의 심리적 변화의 단계를 거쳐 수용을 하게 된다.

대부분 사람들은 FC라는 사람을 처음 대할 때 무조건 거부를 한다. 가정에 방문했을 때는 초인종 앞에서 거부당하며 상가나 점포를 방문했을 때는 문으로 들어서자마자 거부를 당한다. 어쩌면 너무나 당연한 일이다. 그래서 FC들은 거부당할 각오를 하고 시작한다. 하지만 막상 거부를 당하고 나면 내가 이 일을 계속해야 하나 의구심을 가진다.

그래서 개척이 어려운 것이다. 대부분의 FC들이 거부의 단계도 극복하지 못하고 포기를 한다.

다음 단계는 분노라는 단계로 넘어간다. 나를 거부하는 고객을 지속적, 정기적으로 만나서 인사를 하다 보면 고객은 화를 낸다.

'내가 필요 없다고 했지! 그리고 오지 말라고 했지! 내 말을 무시해?'라는 식의 반응이 가장 일반적이다. 어떤 FC는 멱살잡이도 당해봤다고 한다.

이는 개척을 하면서 발생하는 두 번째 단계인 분노라는 단계이다.

분노라는 단계가 지나가고 나면 비로소 에펠탑 효과가 나타나기 시작한다.

이제 FC가 찾아오면 "휴! 저 인간 또왔네. 정말 징그럽다!" 등의 반응을 보이며 FC의 방문을 막지 않는다. 이 단계가 바로 포기라는 단계이다.

이 포기 단계에서 또 지속적으로, 반복적으로 인사를 하게 되면 고객은 그제서야 FC를 받아들이게 된다. 이 단계가 수용이다.

개척이라는 것은 FC가 포기만 하지 않으면 될 수밖에 없는 구조를 가지고 있음을 이해해야 하고 자신감을 가져도 좋을 것이다.

즉, 안 된다고 좌절하거나 포기하지 말고 고객의 반응을 관찰한 후 현재 고객의 심리 변화 단계로 받아들여야 한다.

※참고로, 이 변화가 한번에 일어날 수도 있으며, 경우에 따라 아주 더디게 일어나는 경우도 있다. 또한, 단계에 언급하지 않은 무관심이라는 상태가 FC를 가장 힘들게 한다는 사실을 참고로 하길 바란다.

어디서 개척을 해야 하나요?

개척은 앞서 아주 계획적으로 해야 한다고 언급한 바 있다.

당연한 말이다. 정말 치밀하고 계획적으로 진행되어야 한다. 따라서 개척을 해야 할 시장을 선정하는 것도 전략적으로 해야 한다.

FC가 잘 아는 곳을 선택하는 것이 유리하다. 가령 FC의 전 직장이 경찰이었다면, 각 지역의 지구대를 대상으로 한다. 그들의 희로애락을 이해하며 그들과 공감대를 형성할 수 있기 때문이다.

차별화할 수 있는 장소를 선택하라. 만일 FC가 20대의 남성이라 가정을 했을 때 20대의 남성이 잘 가지 않는 곳을 선택한다. 대표적으로 남대문 시장은 40대 여성 FC의 시장이라 해도 과언이 아니었다. 하지만 젊고 풋풋한 FC가 그 시장에서 활동을 했을 경우 기존에 있던 사람들과 다른 신선함이 느껴진다.

접근성이 용이한 장소를 선택하라. 어떤 FC는 군부대를 돌아다니며 개척을 하는데 시간과 비용이 너무 많이 소요되어 결국 포기하였다. 반면에 또 다른 FC는 지점 바로 앞에 있는 상가를 개척해서 지금도 손쉽게 고객관리 하며 추가계약과 소개를 받고 있다.

불특정 다수를 상대로 하지 말고 명확한 타킷을 List-up하라

위의 모든 조건들이 공통적으로 지향하는 바가 있다.

눈치 빠른 사람은 이해했을 것이다. 그 공통적으로 지향하는 것은 바로 지속적이고 정기적인 방문이 가능한가라는 점이다.

불특정 다수를 상대로 하지 말라

개척은 은근과 끈기로 하는 것이지 아이디어로 하는 것이 아니다.

물론 은근과 끈기가 뒷받침된 아이디어는 정말 좋겠지만, 아이디어만으로 승부를 해서는 안 된다.

대한민국에서 유명한 소아과 중 한 곳이 바로 분당 OO병원 소아병동이다. 그곳에 오는 어린이들은 정말이지 셀 수 없을 정도로 많다. 우리 아이 역시 아프면 그 병원을 찾는다.

어느 날 아이가 열이 있어 병원에 갔는데 병원 입구에서 풍선으로 아이들을 유혹하는 사람들을 발견했다. 풍선을 주면서 교육보험을 이야기하는 일종의 보험 마케팅 같은 것으로 보였다. 오늘 온종일 저렇게 전단과 풍선을 나눠주면서 고생하겠지…? 과연 저런 이벤트를 통해 몇 명의 가망고객들을 확보할지 사실 의심스러웠다.

또한, 자주 가는 마트에 카드사 영업사원이 조그만 부스에서 "카드 만드세요!"를 연방 외치고 있다. 그 부스에서 카드를 만든 사람이 과연 몇 명이나 될까?

영업에 있어 불특정 다수를 대상으로 하는 행위는 효과적이지 않다. 특히, 눈에 보이지 않는 무형의 상품을 영업하는 사람은 더더욱 불특정 다수를 겨냥해서는 안 된다.

: 개척의 목표는 얼굴 알리기

FC들에게 질문한다. "개척을 하는 목표가 무엇입니까?"

그럼 많은 FC들이 계약이라도 답한다.

나는 그 답은 무조건 틀린 답이라 확신한다.

물론, 궁극적으로 신시장 개척과 계약을 위해 개척을 하는 것은 맞는 말이다.

하지만 개척의 목표는 계약이 아닌 FC의 얼굴 알리기가 되어야 한다.

내가 FC 일을 하고 있다는 것을 온 세상에 알려야 한다.

FC가 정한 개척 시장에서, 일하는 혹은 살고 있는 사람들은 보험하는 사람 중 당신이 있다는 사실을 알게 해 줘야 한다.

오늘의 목표를 1건의 계약이 아니라, 전단(안내장)을 500장 돌리는 것으로 세워라.

그것이 개척의 목표이다.

개척의 2번째 목표는 지속적으로 내 얼굴을 알리고 전단 따위를 돌리는 것이다.

개척의 3번째 목표는 계약할 때까지 내 얼굴을 알리고 전단 따위를 돌리는 것이다.

개척의 마지막 목표는 개척으로 계약한 고객으로부터 소개를 받을 때까지 방문하는 것이다.

개척의 3요소

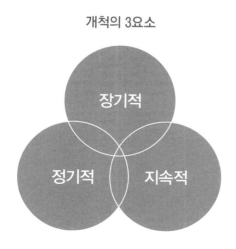

개척에 필요한 3요소는 장기적, 지속적, 정기적이다.

당신이 정한 개척 시장에 개척의 3요소가 다 있어야 앞서 설명한 개척의 원리가 적용된다.

당신이 가고자 하는 시장을 정기적으로 반복하라.

예를 들어, 매주 수요일 15시부터 17시까지 OOO초등학교 교사를 대상으로 돌입방문을 해야겠다고 생각했다면 항상 그 시간에 그 장소를 방문하라.

두 번째 장기적으로 방문하라. 개척은 당신을 모르는 특정한 대상을 상대로 하는 것이기에 단기적으로 승부를 보려 해서는 안 된다. 최소 3개월에서 6개월 이상 장기적으로 진행하라. 어느 시점이 되면 당신의 고객이 되어있는 고객을 만나게 될 것이다.

세 번째 지속적으로 방문하라. 중간에 끊겨서는 안 된다. 또한, FC의 고객이 되었다고 활동 패턴이 달라지면 안 된다. 특별한 이유가 없는 한 당신은 그곳을 지속적으로 방문해야 한다.

위의 세 가지의 모습으로 고객을 만나게 될 때 고객은 처음에 FC를 거부하고 거절할 것이며 이후 FC가 방문을 하게 되면 화를 낼 것이다. 가끔은 거부와 분노가 같이 나오기도 한다. 여기서 포기하지 말고 지속적으로 정해진 장소에 장기적으로 방문하다 보면 고객은 당신이 방문할 시간이 되면 불안해지기 시작할 것이다. 그 불안감을 떨쳐 버리기 위해 FC를 받아들일 수밖에 없다는 것이다.

내가 굳이 이런 원리를 강조하는 이유는 FC들이 개척을 하다 포기 하는 것을 막기 위함이다. 많은 사람들은 아직도 '내가 개척을 잘할 수 있을까?'라고 스스로를 의심한다.

어쩌다 큰 용기를 내서 한번 시도했지만, 거부 거절의 단계에서 포 기하는 것을 자주 봤다.

얼마나 안타까운 일인가? 포기할 사안이 아니라 단지 거부와 거절 의 단계에 있을 뿐이라는 사실을 모른다는 것이 너무나 아쉽다.

가끔 이런 질문을 받는다. "제가 개척을 하다 보면 어떤 사람은 나 를 만나려고도 하지 않고 어떤 사람은 나를 보면 화를 냅니다. 이래 도 내가 계속해야 하나요?"

나의 대답은 정해져 있다. 만나려고 하지 않는 고객은 거부 단계에 있는 고객이며 화를 내는 고객은 분노 단계에 있는 고객이다. 포기하 지 말라.

사람에 따라 경우에 따라 각 단계가 오래가기도 하고 짧게 가기도 하니 FC는 고객의 상황 변화에 민감해야 한다.

기록을 하라

조금이라도 빨리 고객들의 마음을 내 편으로 만들기 위해 그리고 한 마디라도 더 말하기 위해 당신은 고객을 몇 번 방문하는지 메모를 할 필요가 있다.

예를 들어, 어떤 특정 상가를 방문하는데 10번을 방문해도 고객이 거절한다. 이때 FC는 11번째 방문을 기대하며 다시 돌아갈 것인가? 아니면 한 마디라도 말하고 돌아갈 것인가?

만일 나라면 이렇게 말하고 돌아가겠다.

"고객님 오늘은 10번째 방문하는 날입니다. 10번째 방문을 기념해 주시지 않겠습니까?"

아니면 상황에 따라

"고객님 오늘이 10번째 방문이네요. 이 정도면 저라는 사람이 궁금하실 듯합니다만…"

고객이 기분이 나쁘면,

"고객님 오늘은 10번째입니다. 다음 11번째에는 한번 웃어주십시오."

이런 상황을 만들기 위해서는 방문했던 횟수와 그때의 상황을 고객별로 기록하는 습관을 가져라.

정상적인 고객들을 만나라

고객들은 본능적으로 FC를 거절한다. FC가 알지도 모르는 사람을 찾아가 자기소개를 했을 때 쌍수를 들며 반기는 고객이 과연 제정신인 고객인가? 잘 생각해 볼 필요가 있다. 아마도 쌍수를 들고 FC를 기다렸다는 듯이 반겨주는 고객들은 우리가 절대로 만나서 안 되는 사람들이다. 그 사람들은 둘 중 하나이다. 첫 번째는 보험 역선택자이거나 두 번째는 납치범이다. 절대 만나서도 안 되며 따라가서도 안 된다.

FC들은 당연히 정상적인 고객들을 만나야 한다.

정상적인 고객들은 FC들을 부담스러워 한다. 보험에 대한 Needs가 없기 때문이다. Needs가 없으면 아무리 좋은 상품을 가진 사람이라 하더라도 갑자기 들이대면 누구나 거부할 수밖에 없다. 더군다나 눈에 보이지도 않으며 당장 필요치도 않은 보험상품을 가지고 고객을 찾아가면 당연히 부담스러울 수밖에 없다.

FC들은 그런 고객들을 만나서 거부와 거절을 당해야 한다. 거부와 거절을 강하게 하는 사람일수록 FC의 고객이 될 확률이 높아진다.

이유는 간단하다. 고객이 FC를 부담스러워 하는 이유와 같다. 만일 고객이 FC를 받아들인다면 그리고 FC가 하는 말을 듣는다면 계약을 해야 한다는 생각을 하기 때문이다. 그래서 거부와 거절을 강하게 하는 사람일수록 FC가 그것을 극복했을 때 계약이 될 확률이 높아질 수밖에 없다.

나가라! 그리고 거절을 당하라! 그게 정상이다.

제 3 장

목표설정

목표를 세워라

목표의 실천

🧰 목표를 세워라

: 만날 사람이 없어요

FC가 일하지 않는 이유를 물어보면 만날 사람이 없어서란다.

FC가 실적이 안 나오는 이유를 물어보면 만날 사람이 없어서란다.

많은 회사를 그만두는 FC들의 근원을 살펴보면 만날 사람이 없어서인 경우가 많다.

혹자들은 이렇게 말한다. 만날 사람이 없는 이유는 계약할 사람을 찾기 때문이다. 계약할 사람이 없으니 자연히 만날 사람이 없는 것이다.

사람을 만나지 못하는 문제를 해결할 방법은 두 가지밖에 없다.

첫 번째는 어떤 큰 심리적인 충격으로 인해 사람이 변하는 것이다. 가령 예를 들어 정말 아끼는 사람이 불의의 사고를 당하거나 중대한

질병으로 인해 보험의 소중함과 가치를 깨달아서 스스로 동기부여가
되는 경우.

두 번째는 목표를 계약으로 맞추지 않고, 고객에게 전화하기 또는
고객 방문하기, 고객에게 보험의 가치가 담긴 스토리 전하기 등으로
설정하는 방법이다.

첫 번째 방법을 의도적으로 사용할 수가 없으니, 두 번째 방법을 선
택하는 것이 현명한 방법일 것이다.

즉, FC 스스로 목표에 대한 개념을 다시 설정하고 그 목표에 따라
행동하다 보면 만날 사람이 자연이 생기게 되고 사람을 만나지 못해
서 실적이 나오지 않거나, 회사를 그만두는 현상을 줄일 수 있다.

: 목표에 대한 마음가짐

본인이 세운 목표는 반드시 달성할 것이라는 마음가짐을 가져야
한다.

주위 모든 사람이 의심을 해도 본인은 자신을 의심해서는 안 된다.

일반적으로 사람들은 원하는 바를 이루기 위해 수차례의 시도를 한다. 경우에 따라 성공하기도 하지만, 경우에 따라 실패하기도 한다.

실패했을 경우 많은 사람들은 자기 합리화를 한다. 실패할 수밖에 없는 이유를 찾는다. 그리고 2~3번 재시도해본 후 그래도 안되면 최선을 다했다고 스스로를 위로하고 포기한다.

이 세상에서 실패하는 순간은 포기한 순간이다. 성공하지 못한 것이 실패가 아니라 포기한 것이 실패이다. 스스로 세운 목표를 달성하기 위해 아래의 글을 신앙처럼 가슴속에 새겨야 할 것이다.

"실패는 없다. 단지 피드백일 뿐이다."

"만일 당신이 하는 일이 뜻대로 되지 않을 경우 방법을 바꾸어 다시 하라!"

포기란? 죽 쒀서 개 주는 것이다

일반적으로 포기는 실패를 의미한다. 포기만 하지 않으면 실패할 일이 없기 때문이다.

하지만 보험 세일즈에서 포기는 '죽 쒀서 개 주는 꼴'이 된다.

예전에 친했던 동생으로부터 전화 한 통을 받았다.

그 동생이 나에게 했던 첫 마디가,

"오빠, ○○○ 보험회사 다니지요? 저 보험 가입할래요!"였다. 스스로 보험에 가입하겠다고 전화 오는 경우는 아주 드물어서 반갑기도 했지만, 당황스럽기도 했다.

확인해 보니 모 지점 영업사원이 몇 개월 동안 공을 들였지만, 그 동생이 청약을 계속 망설여서 결국 포기해버린 모양이었다. 이후 그 친구는 청약하려고 마음을 먹었지만, 더 이상 연락이 오지 않자 나에게 연락을 해온 것이었다.

그날 난 아주 손쉽게 계약을 하면서, 반대로 문득 이런 생각이 들었다.

"그렇다면 내가 포기했던 가망고객들은?"

'내가 포기했기에 그 고객은 다른 FC의 고객이 되는 것이구나!'라는 생각을 하게 되었다.

다른 영업분야에서는 포기는 실패일지 모르겠지만,

보험영업에서 포기는 죽 쒀서 개 주는 꼴이 되는 것이다. 얼마나 억울한가?

자신이 원하는 것만 생각하라

온종일 해만 바라보는 꽃이 있다. 해바라기이다.

해바라기는 세상에서 가장 밝은 곳만 바라본다. 태양이다.

태양 빛이 세면 셀수록 해바라기 뒤에는 그림자가 진해진다. 하지만 해바라기는 절대로 뒤를 돌아보지 않는다. 뒤에는 그림자밖에 없음을 알고 있기 때문일 것이다. 그래서 해바라기는 자신이 원하는 것만 항상 바라본다.

이 글을 읽고 있는 FC의 과거가 좋았는지 어두웠는지 중요치 않다. 지금 이 순간 FC가 진정으로 바라는 것이 있다면 FC는 그것에 모든 에너지를 집중하라.

또한, 바라는 것이 절실하면 절실할수록 있는 좌절과 실패에 대한 두려움이라는 그림자는 진해질 것이다. 그 그림자 때문에 FC가 바라는 것을 이루지 못한다면 이보다 더 억울한 일이 어디 있겠는가?

명심하라 당신이 할 수 있다고 생각하든 할 수 없다고 생각하든 당신의 생각은 무조건 옳은 생각이다.

"탁월한 성과는 탁월한 감정에서 나온다."

– 앤서니 라빈스

두려움이란…

나는 강의 시간에 두려움에 대한 정의를 하곤 했다.

과연 당신들이 생각하는 두려움이란 무엇인가?

여러 가지 두려움에 대한 교육생들의 생각을 들을 수 있었다.

"두려움은 환상이다."

"두려움이라는 것은 애초부터 실존하는 것이 아니라, 나의 마음에 있는 것이다."

"두려움은 나아가고자 하는 마음을 주저하게 만드는 것이다."

"두려움은 시작도 하기 전에 마음이 약해지는 것이다."

"두려움은 미래에 대한 부정적인 시나리오다."

더 많은 다양한 이야기 들이 있었지만, 대체로 위의 내용이 나와 교감했던 교육생들의 주된 의견이었다.

위 의견들을 종합해보면 두려움이란, 원래 없는 것이다.

존재하지도 않을…, 어쩌면 미래에도 발생하지 않을 어떤 상상체험이라고 간주하고 싶다.

두려움에 사로잡힌다는 것은 허깨비에게 홀렸다고 말해도 과언이 아니다.

목표를 향해 달려가는 것을 주저하지 말라.

: 목표와 목적

예전 어린 시절에 누군가 나에게 꿈을 물었을 때는 나는 대통령이라 말했었다.

그리고 초등학교 다닐 때는 우주 과학자였으며, 중학교 다닐 때는 좋은 고등학교 진학하는 것이 꿈이었다. 고등학교 시절에는 좋은 대학 들어가는 것이 꿈이었다.

결국, 난 중상 수준의 대학을 들어갔으며 평범한 삶을 시작했다.

하지만 지금 산업교육 분야에 종사하면서 나의 과거를 돌아보니 나는 아무런 꿈이 없었음을 깨달았다. 아무런 꿈이 없으니 아무런 목표가 없었고 아무것도 과거에 이룰 수 없었다.

하지만 난 지금 꿈이 있다. 그 꿈을 이루기 위해 난 지금도 끊임없이 무엇인가를 하고 있다.

위의 단락에서 목표와 목적의 개념이 있다는 것을 눈치가 빠른 사람은 깨달았을 것이다. 목표는 끊임없이 하고 있는 그 무엇이며 목적은 꿈이다.

이 개념이 잘 이해가 되지 않는다면 이런 예를 들어 보겠다.

"우리가 이 작전을 수행해야 하는 이유는 적의 보급로를 차단해야 하기 때문이며 그 첫 번째 타격 대상은 저 산아래 절벽을 폭파하는 것이다."

이 말을 바꿔보면 아래와 같다.

"우리가 이 작전을 수행해야 하는 목적은 적의 보급로를 차단해야 하기 때문이며 그 첫 번째 목표는 저 산아래 절벽을 폭파하는 것이다."

위에서 목적은 보급로 차단이며 목표는 저 산아래 절벽이다.

많은 사람들이 목적과 목표를 혼동해서 사용하고 있다.

하지만 목표와 목적은 분명히 다른 개념이며, 당신이 세운 목표는 당신이 이루고자 하는 목적에 뿌리를 두고 있다.

산 정상에 올라가는 것이 목적이라면 당신이 밟고 일어서야 하는 그 첫 번째 바위가 목표가 될 것이다.

따라서 목적은 목표를 실행하게 하는 내적 동기부여가 되며, 에너지를 생산하고 달리게 하는 원동력이 된다.

목적을 다른 말로 표현한다면 꿈, 비전 등으로 표현할 수 있으며, 목표를 다른 말로 표현한다면 골(Goal), 타깃(Target) 등으로 표현할 수 있다.

: SMART한 목표를
세우는 방법

목표를 세울 때 가장 많이 사용하는 모델이 SMART이다.

SMART 모델이란

- S - Specific

- M - Measurable

- A - Action-oriented

- R - Realistic

- T - Time-related

의 첫 글자를 따서 만들어진 모델이다.

현재 대부분의 기업과 HR system에 적용되어 있으며, 많은 책에
도 소개되어 있다.

이는 개인의 목표뿐 아니라 조직관리 차원에서도 사용되고 있으니
잘 활용해야 한다.

SMART는 다른 책에서도 자세하게 학습할 수 있으니 간단히 안내
만 하고자 한다.

Specific- 구체적이고 명확한 목표

목표는 두루뭉술해서는 안 된다. 예를 들어, "나는 이달에 3권의 책을 읽겠다."라고 쓰는 것보다 "나는 이달에 ○○○○, △△△△, □□□□이라는 책을 읽겠다."라고 써야 한다.

목표를 설정함에 있어 단순히 수치화시킨다고 되는 것이 아니라 그수치가 나온 구체적인 근거가 있으면 더 좋다.

A라는 사람은 단순히 돈을 많이 벌고 싶어서 월 1,000만 원이 목표라고 생각하고 B라는 사람은 5년 후에 ○○ 지역에 있는 45평 아파트를 구입하기 위해 지금부터 월 1,000만 원 이상이 목표라고 가정해보자. A, B 중 누가 목표를 달성할 확률이 높을까?

목표는 이렇듯 명확하면서도 구체적으로 쓰여져야 한다.

Measurable- 측정 가능한 목표

마라톤 선수들이 뛰면서 어떤 행동을 하는지 유심히 살펴보길 바란다. 그들은 오로지 뛰는 것에만 집중하는 것 같지만, 지속적으로시계를 확인하며 자신의 기록을 측정하며 달린다. 일정 지점에 포인트를 정한 후 그 포인트를 지날 때 자신의 기록과 자신의 목표를 비교하며 다음 포인트에 좀 더 달려야 하는지 지금 페이스로 달려야 하는지 판단한다. 그렇게 자신의 기록을 조금씩 경신해 나간다. 측정 가능하기 때문이다. 우리 비즈니스도 중간중간에 측정해야 하는 타이밍이 필요하며 그 타이밍에서는 자신의 달성도를 명확히 측정할 수 있어야 한다.

예를 들어, "이달의 수입목표 1,000만 원"이라고 정하기보다 이달의 수입목표 1,000만 원을 달성하기 주간 단위로 나누고 일 단위로 나눠서 세워야 한다.

Action-oriented- 행동 지향적인 목표

개인적으로 가장 중요하게 여기는 부분이기도 하다.

보험회사에서 3W 문화라는 것이 있다. 일주일에 3건의 신계약을 체결하는 것을 말한다. 그래서 신인 FC라면 누구나 3W라는 것을 한 번쯤 도전하게 된다.

나는 강의할 때마다 교육생들에게 물어본다.

"3W는 누가 하는 것입니까?"

이 질문에 백 명이면 백 명이 FC가 하는 것이라 대답한다.

"그렇다면 청약서에 서명은 누가 하는 것입니까?"

이 질문에는 당연히 고객이 서명하는 것이라고 대답한다.

"다시 질문하겠습니다. 3W 누가 하는 것입니까?"

그제야 고객이 하는 것이라고 대답한다.

3W는 FC가 하는 것이 아니라 고객이 해주는 것이다. 애초에 FC 스스로 할 수 있는 일이 아니었던 것이다. 그런데 마치 내가 해야 할

것 같은 자세로 접근을 하니 스트레스만 받다가 포기해버리게 된다.

FC가 할 수 있는 일에 집중하라. FC가 세우는 목표는 FC가 직접 발로 뛸 수 있어야 실천에 옮길 확률이 높으며 재미가 있다.

FC의 목표는 3W가 아니라 3W 활동이어야 한다.

A라는 FC가 OOO 고객에게 4명의 소개를 받는 것이 목표라며 활동하러 나갔다.

과연 이 FC는 4명의 소개를 받았을 것인가? 물론 고객이 해 줬으면 받았을 수도 있다. 하지만 A라는 FC에게 진짜 목표는 4명을 소개받기 위해 소개 요청 화법을 준비하고 하루에 4명 이상 고객들을 만나서 보험의 가치를 전달하는 행위. 이것이 4명의 소개를 받기 위한 FC의 목표가 되어야 한다.

Realistic- 현실적인 목표

A라는 FC는 아침 8시에 출근해서 간밤에 어떤 일이 있었는지 30분 정도 인터넷 뉴스를 좀 보다 8:30분부터 아침 미팅을 하고 11:00에 고객을 만나기 위해 지점을 나섰다. 12:10에 고객을 만난 후 식사와 면담을 마치니 13:30분이 되었다. A FC는 두 번째 고객을 만나기 위해 1시간 10분 정도 이동하여 15:00에 두 번째 고객을 만났다. 17시에 면담이 종료된 후 지점으로 돌아가기 번거로워 바로 집으로 퇴

근했다.

A FC는 오늘 몇 시간 일했는가?

답은 고객을 만난 시간 3시간 10분이다. 이나마도 고객을 만났을 때 보험에 관련된 말을 못했으면 일한 시간에 포함 시키지 않을 것이다.

사람들은 자신이 일터에 있으면 일하고 있다고 착각한다. 하지만 절대 그렇지 않다. 아침에 일찍 와서 고객에게 편지 쓰는 사람은 일하는 사람이지만, 아침에 일찍 와서 인터넷 보는 사람은 일하는 사람이 아니다. 차라리 그 시간에 잠을 좀 더 자는 게 더 좋을지 모른다.

이달 급여 1,000만 원을 벌고 싶은가?

그럼 현실적으로 1,000만 원을 벌고 있는 주위 동료는 어떻게 뛰고 있는지 관찰을 하라. 그들처럼 일하라 그래야 당신은 1,000만 원을 벌 수 있다.

나 자신의 현주소에 대해 정확하게 이해하고 그 현실에 맞게 목표 설정이 되어야 한다.

"보폭을 작게 해서 그 어떤 것에도 걸려 넘어지지 않도록 하라!"

– 마이클 조던

Time-related- 시간 개념이 있는 목표

언제 시작할 것인가?

언제 끝낼 것인가?

어떤 사람은 시작점이 정해져 있지 않고 어떤 사람은 끝나는 시간이 정해져 있지 않는 것을 종종 보곤 한다.

나의 직장 상사는 항상 그냥 열심히 해라고 말한다. 열심히 하다 보면 진급하고 임원이 된다는 말이다. 일부는 맞고 일부는 틀리다.

열심히만 해서는 안 된다. 내가 언제까지 되겠다는 목표를 세우고 구체적인 로드맵을 그려야 한다. 그래야 그때까지 달성할 수 있다.

"열심히 하다 보면 언젠가는 나도 연봉 1억이 넘겠지! 연봉 1억의 그날까지 힘내자!"라고 말하는 사람과 "나는 반드시 올해 연봉 1억을 넘긴다."라고 말하는 사람은 분명 그 태도에서부터 달라진다.

"나는 OOOO년 O월 OO일까지 OOO지역 아파트 35평짜리에 입주할 것이다."라고 세워라. 그래야 로드맵을 그릴 수 있으며 시작을 할 수 있다.

앞으로 이 책을 읽는 모든 사람의 머릿속에서 "언젠가는…."이라는 단어는 지우고 "언제까지…."라는 단어만 새기길 바란다.

: 마인드 스토밍

브레인 스토밍이라는 말은 요즘 너무 흔하게 듣는 말이다.

많은 사람이 하나의 주제에 대해 다양한 의견과 해결 방안을 제안하고, 그 안에서 최적의 방안을 찾는 방법이 바로 브레인 스토밍이라는 방법이다.

이와 반대로 마인드 스토밍이라는 방법은 혼자서 브레인 스토밍을 하는 것이다.

이 방법의 요지는 최고의 하나의 방안이나 생각을 찾아내는 것이 아니라 생각해낼 수 있는 모든 방법을 다 적어 본다는 점에 있다.

특히, 주의해야 할 점은 본인이 직접 행동으로 옮길 수 있는 행동 지향적인 내용으로 구성되어야 한다.

하나의 주제에 대해 구체적인 아이디어를 무작위로 써 내려가다 보면 행동으로 옮기기 모호한 경우가 있다. 다시 설명하면, 그 일에 대한 칼자루를 상대방이 쥐고 있는 경우이다.

전화하기나 방문하기 등은 FC의 의지대로 할 수 있다.

상대방이 받든 거절하든 FC는 전화를 걸 수 있다.

하지만 소개받기 같은 경우는 FC의 의지로 할 수 없다. 고객의 의지에 의해 결정되는 일이다. 따라서 소개받기는 새로운 주제로 올려

또다시 마인드 스토밍을 진행해야 한다.

예를 들어, 3W(한주에 3건 이상의 신계약을 체결하는 것)이라는 주제가 있다.

이 주제에 대해 마인드 스토밍을 하면 아래와 같다.

주제: 3W	주제 : 하루 3명씩 소개받기
• 하루 10명의 기존고객에게 전화하기 • 15명의 가망고객에게 전화해서 약속 잡기 • 식사는 고객들과 함께하기 • 잘하는 선배 FC 모델링 하기 • 상황별 RP 연습하기 • 매일 아침 5시 일어나기 • 자연스러운 Needs 환기 스토리 RP 연습하기 • 하루 3명씩 소개받기 • 고객에게 보험의 가치를 전달하기	• 고객관리 시스템 구축하기 • 소개 요청 RP 준비 및 양식 만들기 • 조력자 만나기

위의 사례에서 보면 각 주제에 대한 구체적인 내용은 본인이 직접 행동으로 옮길 수 있는 내용으로만 구성되어 있을 것이다. 이 내용들 중,

- 중요하다고 생각되는 것

- 시간이 오래 걸려 꾸준히 해야 하는 것

- 금방 할 수 있는 것

- 시급한 것

- 버릴 것

등으로 분류한다.

그리고 순서를 정해 행동으로 옮기기만 하면 된다.

원하는 것이 무엇이든 달성하는 속도의 차이만 존재할 뿐, 당신의 원하는 바를 반드시 달성할 수 있을 것이다.

💼 목표의 실천

: 시각화하라

『당신의 소중한 꿈을 이루는 보물지도』라는 책에서는 꿈의 시각화의 중요성에 대해 설명하고 있으며 실제 여러 독자의 사례 및 본인의 사례를 가지고 증명한다.

비단, 『보물지도』뿐 아니라 2008년도에 화제가 되었던 『시크릿』이라는 책에서도 같은 말을 하고 있다. 책에서는 다양한 방법으로 설명하고 있지만, 결론은 반복적인 각인이라 할 수 있다.

꿈을 시각화시켜 가장 잘 보이는 곳에 걸어두면 매일 그 꿈과 목표를 보게 될 수밖에 없고, 그로 인해 사람은 변할 수 있다.
가장 쉬운 방법은 그 꿈과 목표를 적는 것이다.

사람들은 잘 변하지 않는다. 만일 사람이 변한다면 아래의 2가지 이유로 변한 것이다.

첫 번째, 엄청난 정신적인 충격으로 인한 변화이다. 『스크루지』라는 구두쇠 영감 이야기가 가장 대표적인 사례이다. 그 어떤 사람에게도 인색하고 돈밖에 몰랐던 스크루지 영감이 하룻밤 꿈속에서 자신의 미래를 보고 충격을 받아 갑자기 착한 사람으로 바뀌었다.

두 번째가 반복이다. 어떤 환경에 반복적으로 노출되다 보면 그 환경에 맞게 사람이 변하는 것이다. 꿈을 시각화시켜 지속 및 반복적으로 각인시키는 것이 바로 이 두 번째 방법에 해당한다.
그래서 꿈과 목표를 적으라는 것이다.

얼마 전에 만났던 강화도의 유일열(제일건설 대표) 대표도 꿈의 시각화라는 것을 통해 자신이 이루고자 하는 꿈을 하나씩 이뤄나가고 있었다. 더군다나 유일열 대표는 속옷에 자신의 목표를 적어서 입고 다닐 정도로 명확한 꿈과 목표를 가지고 있는 사람이다.
속옷에 자신의 목표를 적은 이유는 단 한 시도 자신의 목표를 잃지 않기 위함이었으며, 결국 수많은 도전 끝에 자신의 목표를 달성했다. 지금도 유일열 대표는 자신이 그려놓은 보물지도를 매일 보며 또 다른 도전을 하고 있다.

: 두뇌는 주어를 구분 못한다

두뇌는 주어를 구분하지 못한다. 인간이 가진 가장 우수한 것이 바로 두뇌이며 이 두뇌가 모든 신경을 통제하고 운동능력을 조절한다.

이 뛰어난 능력을 갖춘 두뇌라는 친구가 사실상 가장 속이기 쉬운 친구라는 사실을 알아야 한다. 성공학을 강의하는 사람 중 어떤 사람은 두뇌를 잘 속이는 사람이 성공한다고 주장하기도 한다.

가장 대표적인 속임수로는 두뇌가 주어를 구분할 능력이 없다는 것이다.

누군가를 험담하고 비난하고 부정할 때, 우리의 두뇌는 그 대상이 누구인지 모른다. 그래서 비난과 부정에 대한 대상이 따로 있지만, 스스로에게 가장 스트레스가 크게 남는다는 것을 알아야 한다.

따라서 우리는 가급적 모든 것을 긍정문으로 기록하는 습관을 들여야 하는 것이다.

우리의 목표나 행동계획을 긍정문으로 작성할 때 기적과 같은 일이 일어난다.

아래의 두 문장을 보자.

나는 앞으로 늦잠을 자지 않겠다. - 부정문, 미래형

나는 항상 새벽 5시에 일어난다. - 긍정문, 현재형

무엇이 느껴지는가?

적어도 하지 않겠다는 말보다 그리고 추상적인 미래형보다, 이렇게 하겠다는 것이, 그리고 현재형으로 적는 것이 훨씬 더 구체적으로 적을 수밖에 없는 사실을 알게 된다.

또 아래의 두 문장을 보자.

나는 담배를 끊겠다. - 부정문

나는 담배생각이 나면 녹차를 마시겠다. - 긍정문

여기서는 무엇이 느껴지는가?

무엇인가 하지 않겠다고 했을 때보다 이렇게 하겠다라고 적은 경우에 하지 않는 부분에 대한 대체물이 자연스럽게 생길 수밖에 없음을 이해할 수 있을 것이다.

: 두뇌는 부정문을
긍정문으로 먼저 인식한다

긍정문으로 작성해야 하는 또 다른 이유는 두뇌의 메커니즘을 생각해 보면 쉽게 받아들일 수 있다. 간단한 실험을 해보자.

지금부터 분홍색 돌고래를 생각하지 말라!
지금부터 분홍색 돌고래를 생각하지 말라!
지금부터 분홍색 돌고래를 생각하지 말라!

이미 당신의 머릿속에는 분홍색 돌고래가 떠올랐을 것이다.
생각하지 말라고 했는데 왜 떠오를 수밖에 없는 것인가? 우리의 두뇌는 부정문을 긍정문으로 먼저 인식하기 때문이다.

그래서 모든 행동 목표는 긍정문으로 기록해야 한다.

안면 피드백 효과
우리가 영업 활동을 하다 보면 일이 잘될 때도 있고, 그렇게 되지 않을 때도 있다.
일이 잘되는 시기에는 얼굴이 밝아지며 발걸음도 매우 가벼워진다.

하지만 일이 잘되지 않는 시기에는 표정이 어두워질 수밖에 없다. 표정이 어두워지면 발걸음이 무거워지고 자신감도 없어진다.

당신의 고객들은 일을 잘하는 사람과 거래하기를 원하겠는가, 아니면 지금 힘든 사람 도와준다는 마음으로 거래하길 원하겠는가?
당연히 일을 잘하는 사람과 거래하길 원한다. 따라서 일이 마음대로 풀리지 않을 때일수록 표정관리가 필요하다.

의도적으로 웃는 표정을 지어라. 우리의 두뇌는 진짜와 가짜를 구분하지 못하기 때문에 실제로 웃는 것이 아니라 억지로 웃는 표정을 지어도 우리의 두뇌는 진짜 웃는 것으로 인식하고 신체의 모든 리듬을 웃는 상태로 조절해준다.
그래야 고객이 당신에게 가지게 되는 이미지가 긍정적으로 형성되는 것이다.
이 긍정적인 이미지가 실제 성과에도 직·간접적으로 영향을 주게된다.

간단한 실험을 한번 해보자.

지금 당신이 지을 수 있는 가장 아름다운 미소를 지어라!
미소가 만들어졌다면 그 미소를 유지한 채 욕을 한번 해보라!

결과는 어떤가? 분명히 확신컨대 제대로 된 욕설을 하지 못했을 것이다.

표정은 말과 직결되고, 말은 행동과 자세와 직결된다. 어두운 말을 하기 위해서는 어두운 표정이 필요하고 밝고 희망찬 말을 하기 위해서는 밝고 희망찬 표정이 필요하다.

부정적인 생각이 들거나 힘들고 지쳤을 때 몸과 표정은 자연스럽게 처지게 되고 시선은 바닥을 향하게 된다. 그때, 말이라도 기분 좋게 큰소리로 하게 되면 당신의 가슴은 펴지고 시선은 전방으로 향해지고 표정에는 자신감과 미소로 채워지는 것을 느낄 수 있다. 고객들은 그런 당신의 에너지를 느끼며 신뢰할 수 있는 계기가 되기도 한다.

FC가 하는 일이 고객의 가정에 꿈과 미래를 위해 일하는 사람이라고 확신한다면 당신의 표정은 의도적으로라도 항상 미소 띤 얼굴이어야 한다.

: 꿈을 이룬 것을 상상하고
이룬 사람처럼 행동하라

나는 강의를 중 FC들에게 한가지 숙제를 꼭 내어준다.

그 숙제는 최고의 영업사원으로 선정되었을 때 발표할 소감문을 미리 써 놓는 것이다.

다른 영업도 그렇지만, 보험영업은 특히나 맨탈 블록에 빠지거나 슬럼프에 자주 빠진다.

그렇게 슬럼프에 빠지게 되면 FC의 활동량은 줄어들며 행동은 위축되기 마련이다. 정말 잘하고 싶은데 사람 만나기가 두려워지며, 정말 정말 잘하고 싶은데 보험 상품을 권하기가 꺼려진다.

보험이라는 상품은 인간이 만든 최고의 상품이라 불릴 만큼 가치가 있으며, 경우에 따라 절망이라는 어둠의 나락으로 빠질 수도 있는 한 가정을 구하기도 하는 상품이다.

하지만 주위의 편견으로 말미암아 FC는 주눅이 든다.

하지만 앞으로 주눅 들지 말라!

당신은 이미 성공한 사람이기 때문이다. 당신이 속한 회사에서 가장 많은 수입을 올리는 사람이 당신이다. 당신 주위의 많은 지인들은 당신을 부러워한다. 당신이 가진 차를 부러워하고, 당신이 살고 있는 집을 부러워하며, 수많은 고객들과의 관계를 부러워한다.

더군다나 당신은 조금 있으면 최우수 영업인으로서의 소감을 발표해야 하는 감개무량한 상황이다.

주위를 둘러보라. 성공한 사람이 얼마나 자신의 일에 당당한지, 그리고 고객들에게 신뢰를 주는지….

마치 성공한 사람처럼 행동하라. 그러면 성공이 기다리고 있을 것이다.

지금부터 눈을 감고 아래에 질문에 성실히 대답해 보길 바란다.

당신은 이미 성공한 사람입니다. 현재 당신이 타고 있는 차는 무엇입니까?

당신의 집은 어디에 있는 몇 평짜리 무슨 아파트입니까?

지금 당신은 자녀와 저녁을 하러 갑니다. 어떤 식당에 가고 있습니까?

동문회를 갔습니다. 정말 오랜만에 만난 동창들이 당신에게 어떤 말을 던집니까?

현재 당신의 지갑에는 현금이 얼마 들어있습니까?

당신의 고객들은 당신을 무엇이라 부르고 있습니까?

당신의 몸값은 하루에 얼마입니까?

구체적으로 그려보라. 위에 있는 질문에 한 대답이 실제 이루어졌다고 상상하고 이루어진 것처럼 행동하라.

그때 당신의 신념과 행동이 일치될 것이다.

: 대가를 치러라

내가 만일 가마솥이 있는 아궁이에게 이렇게 말한다면 당신은 나를 제정신으로 보지 않을 것이다.

"가마솥아, 그 안에 있는 물을 팔팔 끓여준다면 내가
이 아궁이에 불을 붙여주겠다."

위의 말은 제정신인 사람이 할 수 있는 생각인가? 분명 제정신인 사람은 결코 위와 같은 생각을 하지 않는다. 당신은 제정신인가? 아래의 문장을 보고 판단해보자!

"고객님 만일 저의 고객이 되어 주신다면 정말 열심히 고객님의 잘 모시겠습니다"

가마솥에 대고 한 말과 고객에게 한 말은 같은 말이다. 적어도 내 경험상 많은 FC들이 고객에게 청약을 강요한다. 만일 위와 같은 말을 한 FC는 제정신인가?

같은 말을 가마솥에게 하면 미친 짓이고 사람에게 하면 제정신인가? 내 생각으로는 둘 다 제정신이 아니다. 대가를 치르지 않고 원하는 것을 취하려 하는 사람이 있다면 우리는 그런 사람을 不汗黨(불한당)이라 부른다. 땀을 흘리지 않고 뭔가를 취하는 사람이라는 뜻이다.

불한당의 대표적인 사람들이 불법 사채업자, 사기꾼 등이 될 것이다. 가마솥에 물을 끓이고 싶으면 불을 먼저 지펴야 한다. 고객이 청약을 하게 하고자 한다면 먼저 대가를 치러라! 그 대가가 정성이 되었든, 시간이 되었든 먼저 대가를 치르면 가마솥에 물이 끓듯 고객은 당신을 선택할 것이다.

당신의 목표를 위해 치러야 할 대가에 대해 조금도 아쉬워하지 말라! 그것은 훨씬 더 큰 보상이 되어 당신의 품에 안길 것이다.

단. 대가와 뇌물은 분명히 다른 것이다. 뇌물과 혼동하지 않도록 주의하라.

: 당신은
운이 좋은 사람이다

당신은 운이 좋은 사람인가?

이 질문에 당당히 "Yes!"라고 답하는 사람은 성공할 가능성이 매우 높은 사람이다.

일을 열심히 하는 사람은 일을 즐기는 사람을 못 이긴다.

일을 즐기는 사람은 일에 미친 사람을 못 이긴다.

아무리 일에 미치고 일을 즐기며 열심히 하는 사람도 운 좋은 사람은 못 이긴다.

물론, 운은 열심히 하는 사람에게 찾아가기 마련이다. 하지만 스스로 억세게 운이 없는 사람이라고 생각하면 찾아오던 운이라도 당신을 비껴가게 될 것이다.

나폴레옹이 100전 100승을 하게 된 비결은 바로 운이었다.
스스로 운이 좋은 사람이라고 생각하는 장수에게만 일을 맡겼기 때문이다. 운이 좋은 사람은 스스로 안 죽는다는 생각을 하며 이는 자신감으로 연결된다.
빌 게이츠 역시 나는 항상 운이 좋은 사람이라고 말하며,
일본 최고의 거부인 사이토 히토리 회장도 나는 운이 좋은 사람이라고 말하고 있다.

당신도 마찬가지이다. 항상 스스로 운이 좋은 사람이라 생각하면 실제로 운이 좋아지며, 이 운은 자신감으로 연결되며, 이 자신감은 항상 기분을 최상의 상태로 유지해준다.

예로부터 운칠기삼이라는 말이 있다.
자신감 넘치며 표정이 밝은 사람이 되고 싶은가? 그럼 지금부터 당신은 운이 좋은 사람이라 믿어라. 지금까지 그렇지 않았더라도, 앞으로도 그런 일이 없을 것이라는 생각이 들더라도 지금부터는 그냥 이렇게 말하라!
"나는 항상 운이 좋아!"

행동부터이다(신경 논리적 단계)

NLP(Neuro Linguistic Programming)에 신경 논리적 단계라는 것이다.

이 신경 논리적 단계는 아래와 같이 그림으로 설명된다.

정체성/ 초 정체성

[신경논리적 단계]

환경은 행동에 영향을 미친다. 쉽게 말해, 훌륭한 부모 밑에서 자란 아이는 부모처럼 훌륭하게 자랄 가능성이 많다.

행동은 능력에 영향을 미친다. 우리가 하는 행동으로 말미암아 우리의 능력이 좌우되는 경향이 있다. 또한, 능력은 우리의 신념과 가치관에 영향을 미친다.

위의 신경 논리적 단계에 의하면 좋은 부모 밑에서 자란 아이는 좋은 인재로 자랄 가능성이 높은 것은 사실이지만 전부 그렇지 않다. 능력은 훌륭하지 못하지만, 그 능력보다 훨씬 더 고귀한 신념과 가치를 지닌 사람들이 있다. 그런 사람들은 결국 좋은 부모 아래서 성장한 사람들보다 더 좋은 인재로 자랄 수 있다.

이유는 환경이 행동에 영향을 주고, 행동이 능력에 영향을 주고, 능력이 신념에 영향을 주고 있지만, 반대로 보면 신념은 능력을 지배하고, 능력은 행동을 지배하고, 행동은 환경을 지배하기 때문이다. 이 부분이 중요하다.

환경을 지배하고 싶은가? 그렇다면 행동을 바꿔라!
뛰어난 능력을 갖고 싶은가? 그렇다면 신념을 가져라! 물론, 그 신념에 어울리는 행동을 같이 바꾸면 더 효과적이다.

지금 대한민국의 경제 환경이 좋지 않다고 말한다. 당신이 대한민국의 경제를 좋게 할 수 없다면 적어도 좋지 않은 환경으로 인해 고통받지는 말아야 할 것이다. 더 나아가 좋지 않은 이 환경을 극복하고 지배하고자 한다면 당신의 행동을 바꿔야 할 것이다.

어떻게 행동해야 하는지 이미 답은 나와 있다. 앞서서 설명한 목표 설정과 마인드 스토밍에 대한 이해를 하고 실천에 옮긴다면 당신은 환경을 극복하고 새로운 능력을 갖추게 될 것이라 믿는다.

"개천에서 용 난다."라는 말이 있다. 최근에는 "개천에서 용 난다." 라는 말이 틀렸다고 하는 사람들도 있지만, 나는 전적으로 믿는다. 왜냐하면, 내가 개천에서 살고 있기 때문이다

당신이 살고 있는 곳이 바다이건 개천이건 당신은 용이 될 수 있다.

주어진 환경을 탓하지 말고 성공이라는 신념으로 원하는 것을 향한 행동을 실천에 옮기고 있다면 당신은 이미 용이다.

고객관리를 제대로 하고 싶다면, 그리고 제대로 된 고객관리 시스템을 구축하고 싶다면 우리는 고객의 정보를 많이 알아야 한다.

정확한 집 주소와 직장 주소
고객의 생일, 결혼기념일, 이메일 주소
고객 배우자의 생일, 이메일 주소, 전화번호
자녀의 생일과 나이, 이메일 주소

이런 정보를 아는 사람과 이런 정보를 모르는 사람은 하늘과 땅 차이다. 지금 이 책을 덮으면서 딱 한 가지만큼은 지금 즉시 실행에 옮기길 바란다.

기존고객이면 기존고객, 가망고객이면 가망고객, 지인이면 지인 당신이 계약하고자 하는 모든 사람들의 정보, 즉 주소, 전화번호, 이메일, 실제 생일, 결혼기념일 등을 알아내라.

가장 좋은 방법은 직접 전화를 하는 것이다. 직접 한 명, 한 명에게 전화를 걸어 그 고객에게 물어봐라. 좋은 일이 생길 것이다.

고객을 만날 때 계약하려 하지 말고 고객에게 보험의 가치와 스토리텔링을 하기 위해 만나라. 고객은 당신의 진심이 느껴졌을 때 당신을 선택하게 된다.

그러니 하루에 3명 이상을 만나 고객에게 당신이 공부하고 연습한 보험의 가치를 전달하면서 다니기만 해도 조금씩 실적이 오르는 현상을 체험할 수 있을 것이다.

이것이 바로 3W 활동이다.

이 책을 읽은 사람은 이 책에 있는 내용을 바탕으로 자신만의 고객 관리와 목표를 세워 업계에 두각을 나타내는 사람이 되었으면 한다.

지금부터 당신의 가망고객 Pool list와 기존 고객 리스트를 가지고 와서 순서대로 한 명씩 한 명씩 전화 다이얼 버튼을 누르기 바란다.